勝《か》つための将棋《しょうぎ》

作戦編《さくせんへん》

監修《かんしゅう》 片上《かたがみ》 大輔《だいすけ》

構成《こうせい》・原稿執筆《げんこうしっぴつ》 東京大学将棋部《とうきょうだいがくしょうぎぶ》

はじめに

（監修者《かんしゅうしゃ》の言葉《ことば》）

作戦編《さくせんへん》に進《すす》んだ皆《みな》さんは、将棋《しょうぎ》のルールやマナーは、すでに入門編《にゅうもんへん》で十分《じゅうぶん》マスターしていることと思《おも》います。

この本《ほん》では「戦法《せんぽう》」や「囲《かこ》い」など、将棋特有《しょうぎとくゆう》の名前《なまえ》がついたものがたくさん登場《とうじょう》します。また「手筋《てすじ》」や「格言《かくげん》」などと呼《よ》ばれる、戦《たたか》いを有利《ゆうり》に進《すす》めるためのテクニックやセオリーも出《で》てきます。初《はじ》めて見《み》ると少《すこ》し難《むずか》しいかもしれませんが、一《ひと》つずつ覚《おぼ》えていきましょう。

戦法《せんぽう》や囲《かこ》いはたくさん紹介《しょうかい》されていますが、そのすべての形《かたち》と名前《なまえ》を覚《おぼ》えなくても、将棋《しょうぎ》を指《さ》すことはできます。特《とく》に最初《さいしょ》のうちは、何《なに》か一《ひと》つだけ、好《す》きな戦法《せんぽう》と囲《かこ》いを見《み》つけて、それを集中的《しゅうちゅうてき》に使《つか》ってみるのが良《よ》いと思《おも》います。どの戦法《せんぽう》でも大丈夫《だいじょうぶ》です。ただし、将棋《しょうぎ》は必《かなら》ず決《き》まった答《こた》えがある学校《がっこう》のテストとは違《ちが》って、相手《あいて》がどう来《く》るかは分《わ》からないゲームです。毎《まい》回自分《かいじぶん》なりに工夫《くふう》して指《さ》すことで、考《かんが》える力《ちから》が身《み》に付《つ》いてきます。

手筋《てすじ》や格言《かくげん》は、いろいろな場面《ばめん》で応用《おうよう》できるものです。本《ほん》で読《よ》んだあの形《かたち》に似《に》ているな、と思《おも》い出《だ》せたらそのときはチャンス。本《ほん》で読《よ》んで勉強《べんきょう》したことを実際《じっさい》の対戦《たいせん》で試《ため》してみることで、どんどん強《つよ》くなれると思《おも》います。

監修《かんしゅう》 片上大輔《かたがみだいすけ》 七段《しちだん》

日本将棋連盟棋士《にほんしょうぎれんめいきし》

【略《りゃく》 歴《れき》】

1981年8月28日生まれ。広島市出身。
故・村山聖九段、山崎隆之八段、糸谷哲郎八段らを輩出した広島将棋センターで幼少期を過ごす。
1993年　6級で奨励会入会。森信雄七段門下。
2000年　修道高校を卒業し、東京大学文科Ⅰ類に入学。
2004年　四段昇段、プロ棋士デビュー。
東京大学在学中の棋士は史上初。
2005年　東京大学卒業。東京大学卒の棋士も史上初。
2006年　五段昇段。
2009年　六段昇段。
2013年〜2017年
日本将棋連盟理事・常務理事を務める。
2014年から首都大学東京にて非常勤講師を務めている。
2018年　七段昇段。

私《わたし》は4歳《さい》で将棋《しょうぎ》を覚《おぼ》えてからもう30年以上《ねんいじょう》も指《さ》し続《つづ》けていますが、見《み》たこともないようなすごい一手《いって》を見《み》て感動《かんどう》することが、いまでもよくあります。次《つぎ》の対局《たいきょく》のために勉強《べんきょう》をしていると、いつも新《あら》たな発見《はっけん》があります。本当《ほんとう》に奥深《おくぶか》い世界《せかい》だなあと心《こころ》の底《そこ》から思《おも》います。そこが将棋《しょうぎ》の一番《いちばん》の魅力《みりょく》だと感《かん》じています。

皆《みな》さんはいま、将棋《しょうぎ》の世界《せかい》の入《い》り口《ぐち》に立《た》ったところです。この本《ほん》を一冊《いっさつ》読《よ》み終《お》わる頃《ころ》には、たくさんの新《あら》しい発見《はっけん》があると思《おも》いますし、その中《なか》にはきっと、「なるほど」「すごい」「かっこいい」と感《かん》じるところがあるはずです。そのときに、よし自分《じぶん》でもやってみよう！と思《おも》うことが大切《たいせつ》です。その気持《きも》ちを忘《わす》れずに、次《つぎ》の対戦《たいせん》に向《む》かいましょう。

いろいろな相手《あいて》とたくさん対戦《たいせん》して、楽《たの》しく上達《じょうたつ》していきましょう。

勝《か》つための将棋《しょうぎ》 作戦編《さくせんへん》

監修《かんしゅう》 片上《かたがみ》 大輔《だいすけ》
構成《こうせい》・原稿執筆《げんこうしっぴつ》 東京大学将棋部《とうきょうだいがくしょうぎぶ》

目《もく》次《じ》

目《もく》次《じ》

この本《ほん》の使《つか》い方《かた》

この本《ほん》では、将棋《しょうぎ》の符号《ふごう》の表《あらわ》し方《かた》、序盤《じょばん》、中盤《ちゅうばん》、終盤《しゅうばん》の考《かんが》え方《かた》、勝《か》つための戦《たたか》い方《かた》などを学《まな》んでいきます。

将棋盤《しょうぎばん》の図《ず》

将棋盤《しょうぎばん》のタテのマス（筋《すじ》）を示《しめ》す数字《すうじ》

このページで覚《おぼ》える内容《ないよう》。

このページで覚《おぼ》える見出《みだ》し。

将棋盤《しょうぎばん》のヨコのマス（段《だん》）を示《しめ》す数字《すうじ》。

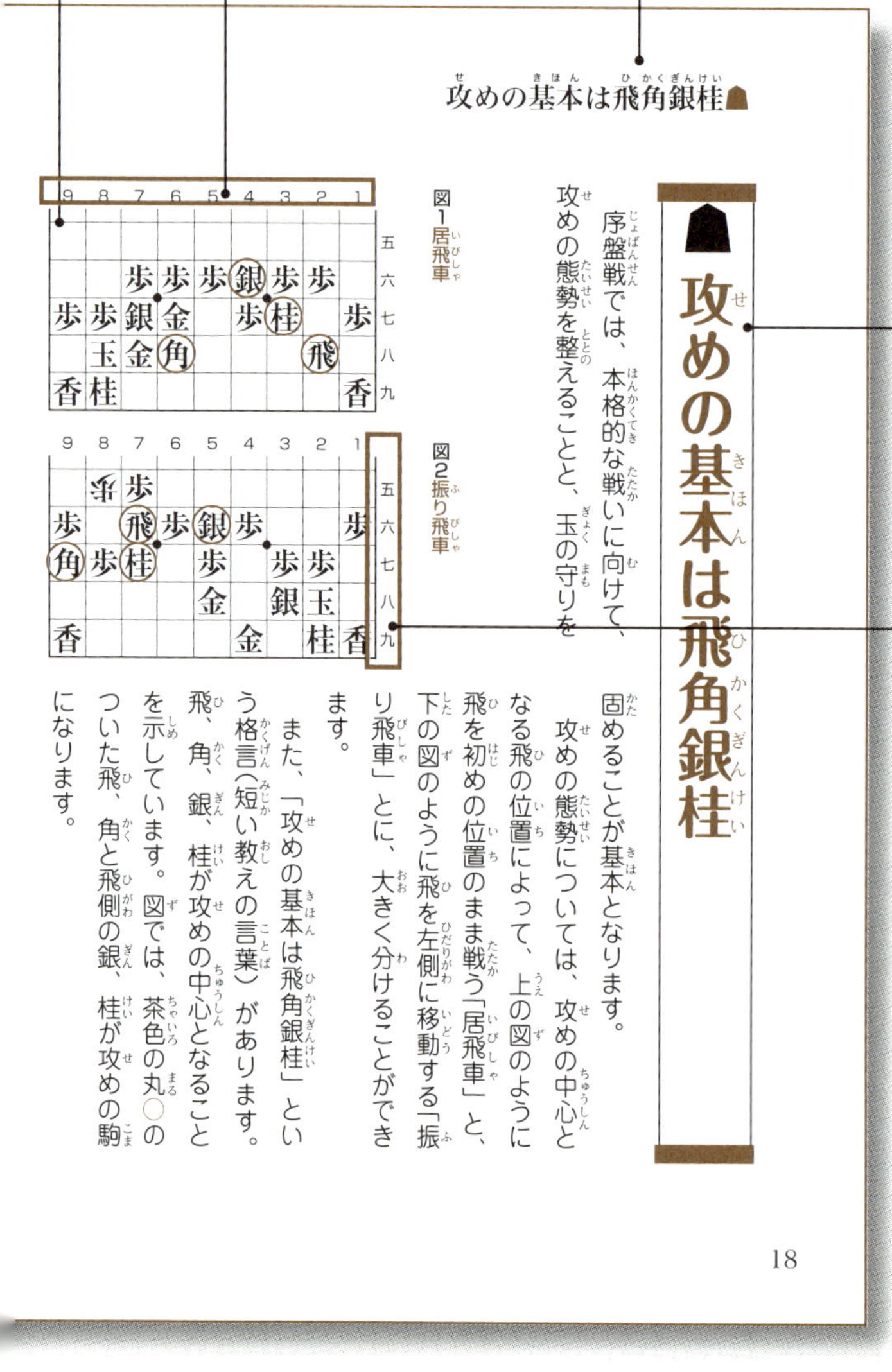
攻《せ》めの基本《きほん》は飛角銀桂《ひかくぎんけい》

攻《せ》めの基本《きほん》は飛角銀桂《ひかくぎんけい》

序盤戦《じょばんせん》では、本格的《ほんかくてき》な戦《たたか》いに向《む》けて、攻《せ》めの態勢《たいせい》を整《ととの》えることと、玉《ぎょく》の守《まも》りを固《かた》めることが基本《きほん》となります。

攻《せ》めの態勢《たいせい》については、攻《せ》めの中心《ちゅうしん》となる飛《ひ》の位置《いち》によって、上《うえ》の図《ず》のように飛《ひ》を初《はじ》めの位置《いち》のまま戦《たたか》う「居飛車《いびしゃ》」と、下《した》の図《ず》のように飛《ひ》を左側《ひだりがわ》に移動《いどう》する「振《ふ》り飛車《びしゃ》」とに、大《おお》きく分《わ》けることができます。

また、「攻《せ》めの基本《きほん》は飛角銀桂《ひかくぎんけい》」という格言《かくげん》（短《みじか》い教《おし》えの言葉《ことば》）があります。飛《ひ》、角《かく》、銀《ぎん》、桂《けい》が攻《せ》めの中心《ちゅうしん》となることを示《しめ》しています。図《ず》では、茶色《ちゃいろ》の丸《まる》○のついた飛《ひ》、角《かく》と飛側《ひがわ》の銀《ぎん》、桂《けい》が攻《せ》めの駒《こま》になります。

図1 居飛車《いびしゃ》

9	8	7	6	5	4	3	2	1	
									五
		歩	歩	歩	銀	歩	歩		六
歩	歩	銀	金		歩	桂		歩	七
	玉	金	角				飛		八
香	桂							香	九

図2 振《ふ》り飛車《びしゃ》

9	8	7	6	5	4	3	2	1	
	歩	歩							五
歩		飛	歩	銀	歩			歩	六
角	歩	桂		歩		歩	歩		七
				金		銀	玉		八
香					金		桂	香	九

18

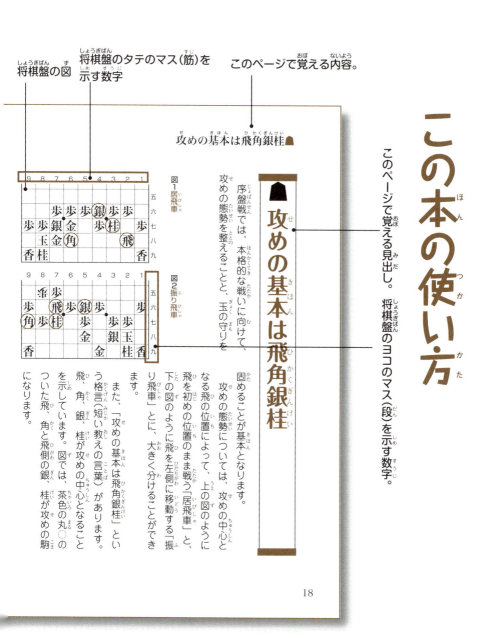

この本《ほん》の使《つか》い方《かた》

章《しょう》タイトル

このページで覚《おぼ》える内容《ないよう》

文《ぶん》の説明《せつめい》を図《ず》で分《わ》かりやすく説明《せつめい》するために駒《こま》を色○《いろまる》で示《しめ》しています。

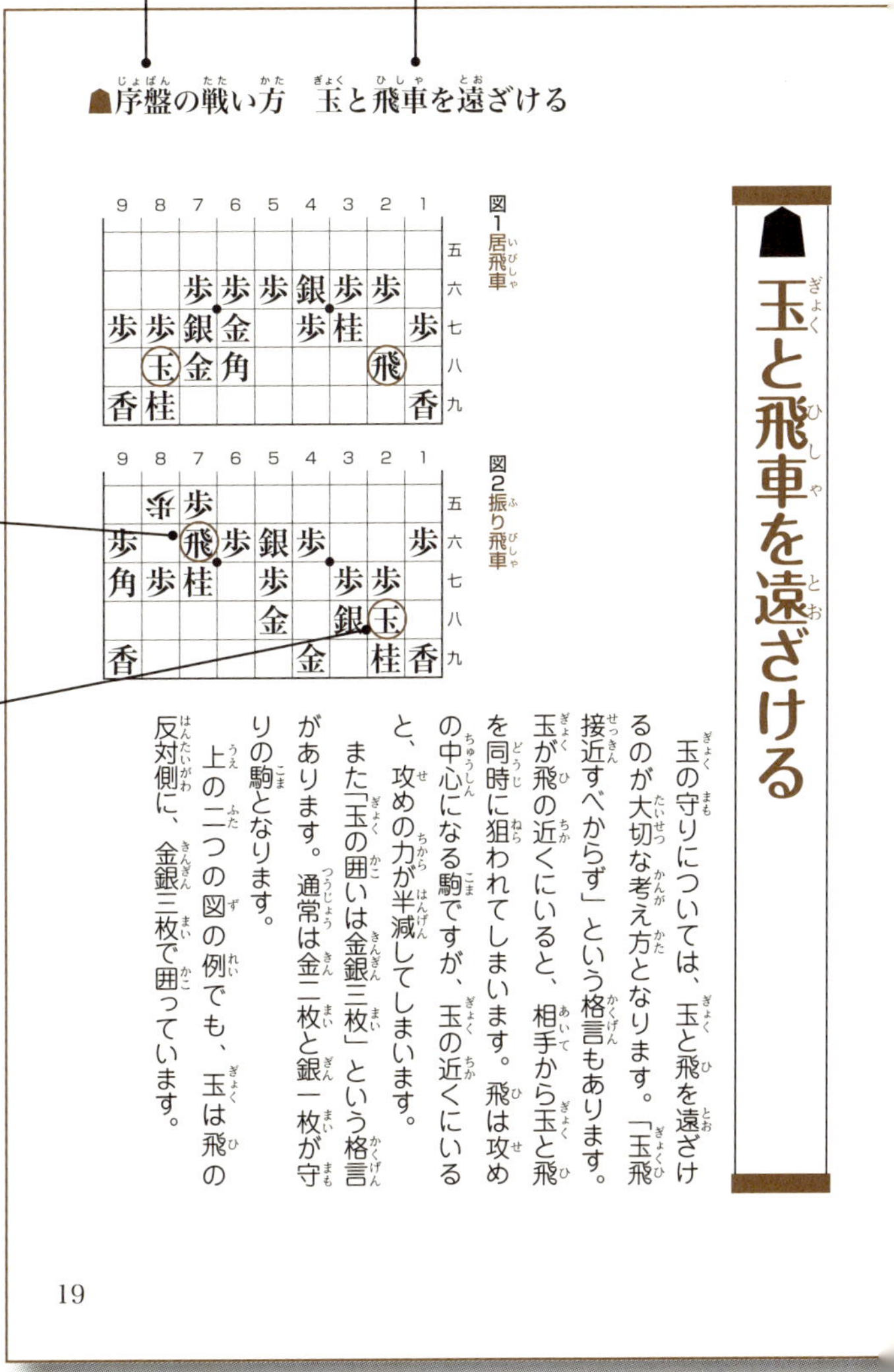

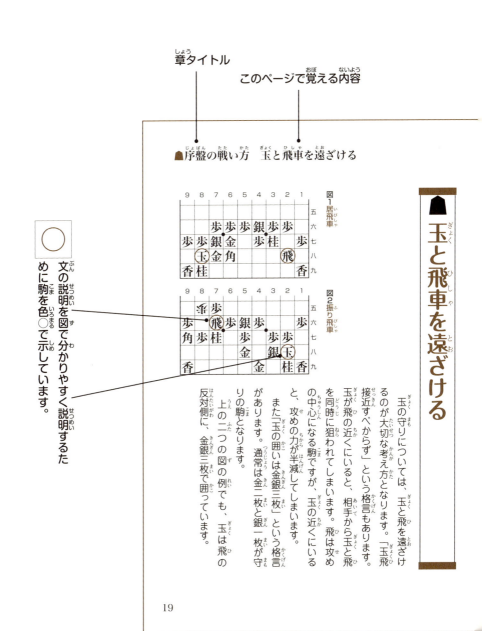

符号《ふごう》の表《あらわ》し方《かた》
将棋盤《しょうぎばん》の番地《ばんち》

9	8	7	6	5	4	3	2	1	
9一	8一	7一	6一	5一	4一	3一	2一	1一	一
9二	8二	7二	6二	5二	4二	3二	2二	1二	二
9三	8三	7三	6三	5三	4三	3三	2三	1三	三
9四	8四	7四	6四	5四	4四	3四	2四	1四	四
9五	8五	7五	6五	5五	4五	3五	2五	1五	五
9六	8六	7六	6六	5六	4六	3六	2六	1六	六
9七	8七	7七	6七	5七	4七	3七	2七	1七	七
9八	8八	7八	6八	5八	4八	3八	2八	1八	八
9九	8九	7九	6九	5九	4九	3九	2九	1九	九

将棋《しょうぎ》の駒《こま》の位置《いち》や動《うご》きを表《あらわ》すには、どうしたらいいでしょうか？　将棋盤《しょうぎばん》のマス目《め》には、上《うえ》の図《ず》のように、「番地《ばんち》」が付《つ》けられています。縦《たて》を筋《すじ》、横《よこ》を段《だん》と言《い》います（入門編《にゅうもんへん》P12）。

先手《せんて》を手前《てまえ》にして、盤《ばん》の縦《たて》の筋《すじ》は右《みぎ》から1、2、3…9、横《よこ》の段《だん》は上《うえ》から一、二、三…九と数《かぞ》えます。マス目《め》を右《みぎ》から数《かぞ》えた数字《すうじ》に続《つづ》いて、上《うえ》から数《かぞ》えた数字《すうじ》（通常《つうじょう》は漢数字《かんすうじ》で示《しめ》します）を組《く》み合《あ》わせることで、マス目《め》の位置《いち》を表《あらわ》します。

例《たと》えば、色《いろ》で囲《かこ》った右《みぎ》から7番目《ばんめ》、上《うえ》から六番目《ばんめ》のマス目《め》は「7六」になります。

符号《ふごう》の表《あらわ》し方《かた》

マス目《め》の番地《ばんち》を使《つか》って、駒《こま》の動《うご》きを表《あらわ》すことができます。図《ず》1は「先手《せんて》」が5七にいた「歩《ふ》」を「5六」に進《すす》めたところです。この手《て》を「▲5六歩《ふ》」と表《あらわ》します。

▲は先手《せんて》を、△は後手《ごて》を表《あらわ》します。

図《ず》1

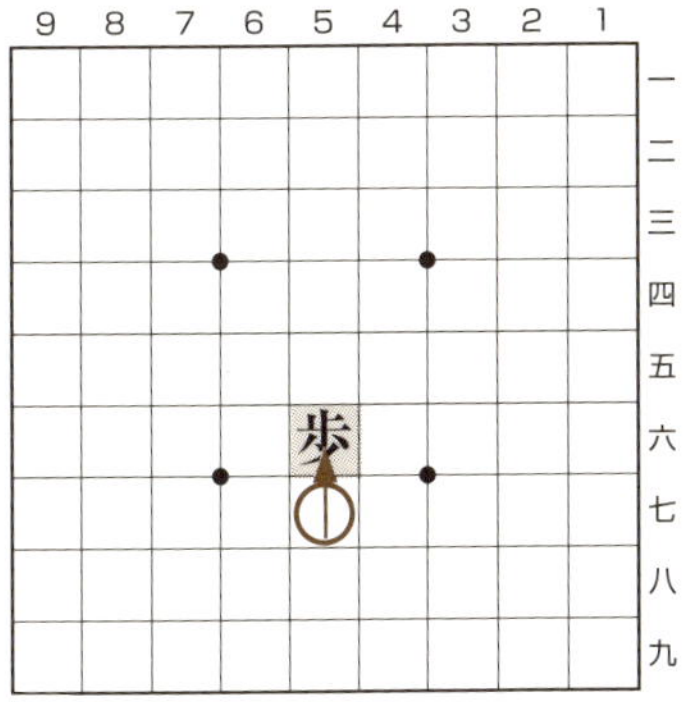

図1は▲5六歩まで

指《さ》し手《て》の表《あらわ》し方《かた》

駒《こま》が動《うご》いた先《さき》の「位置《いち》」、動《うご》いた「駒《こま》」の順《じゅん》に並《なら》べます。図《ず》2は「後手《ごて》」が4二の「銀《ぎん》」を「3三」に動《うご》かしたので、「△3三銀《ぎん》」と表《あらわ》します。

図《ず》2

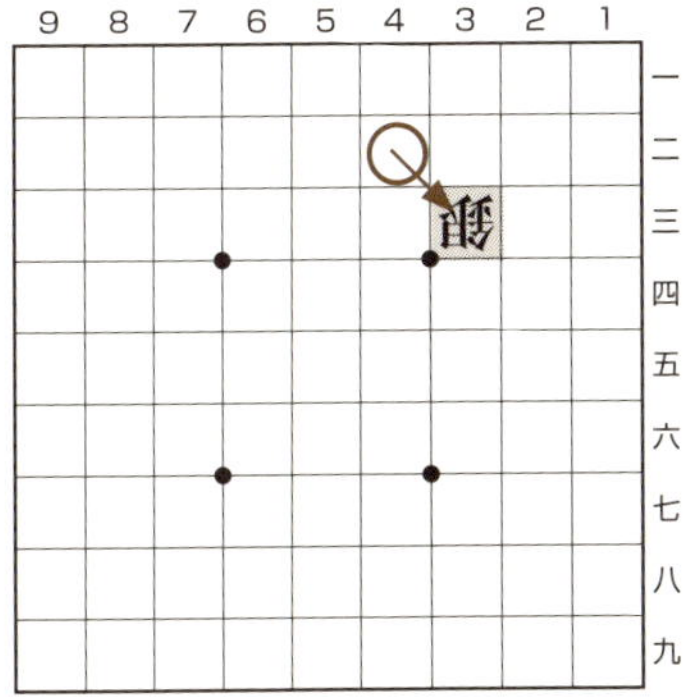

図2は△3三銀まで

符号《ふごう》の表《あらわ》し方《かた》

成《なり》・不成《ならず》、同《おな》じ場所《ばしょ》に動《うご》く場合《ばあい》

先手《せんて》が2六の飛《ひ》を2三に進《すす》めて竜《りゅう》を作《つく》りました。この場合《ばあい》、成《な》ったことを示《しめ》すために、「▲2三飛成《ひなり》」と表《あらわ》します。もし成《な》らなかった場合《ばあい》は「▲2三飛不成《ひならず》」と区別《くべつ》します。

図1

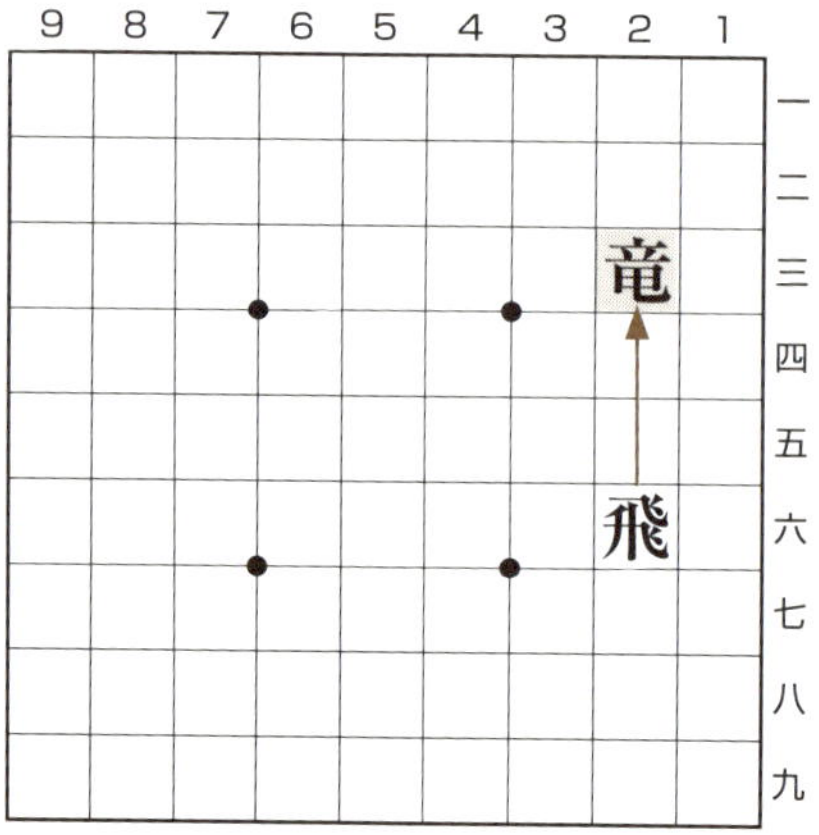

図１は▲２三飛成まで

図《ず》2は後手《ごて》が△5五歩《ふ》と突《つ》いてきたところです。この歩《ふ》を取《と》るとき、「▲5五歩《ふ》」と書《か》いても分《わ》かりますが、直前《ちょくぜん》の動《うご》きと同《おな》じ場所《ばしょ》に動《うご》く場合《ばあい》は「▲同歩《どうふ》」と表《あらわ》します。

図2

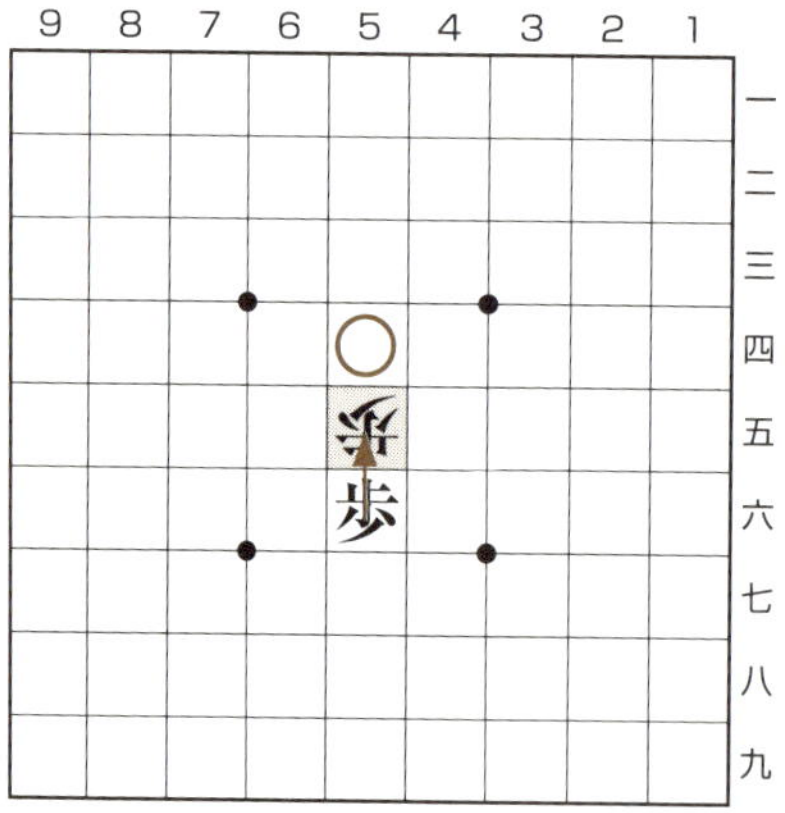

図2は△５五歩まで

符号《ふごう》の表《あらわ》し方《かた》

打《う》つ、同《おな》じ駒《こま》の区別《くべつ》①

図《ず》1で先手《せんて》が持駒《もちごま》の銀《ぎん》を3四に打《う》ちました。これを「▲3四銀《ぎん》」としては、4五の銀《ぎん》が動《うご》いたのか、持《も》ち駒《ごま》を打《う》ったのかが分《わ》かりません。そこで「▲3四銀《ぎん》打《うち》」と書《か》いて区別《くべつ》します。

図1

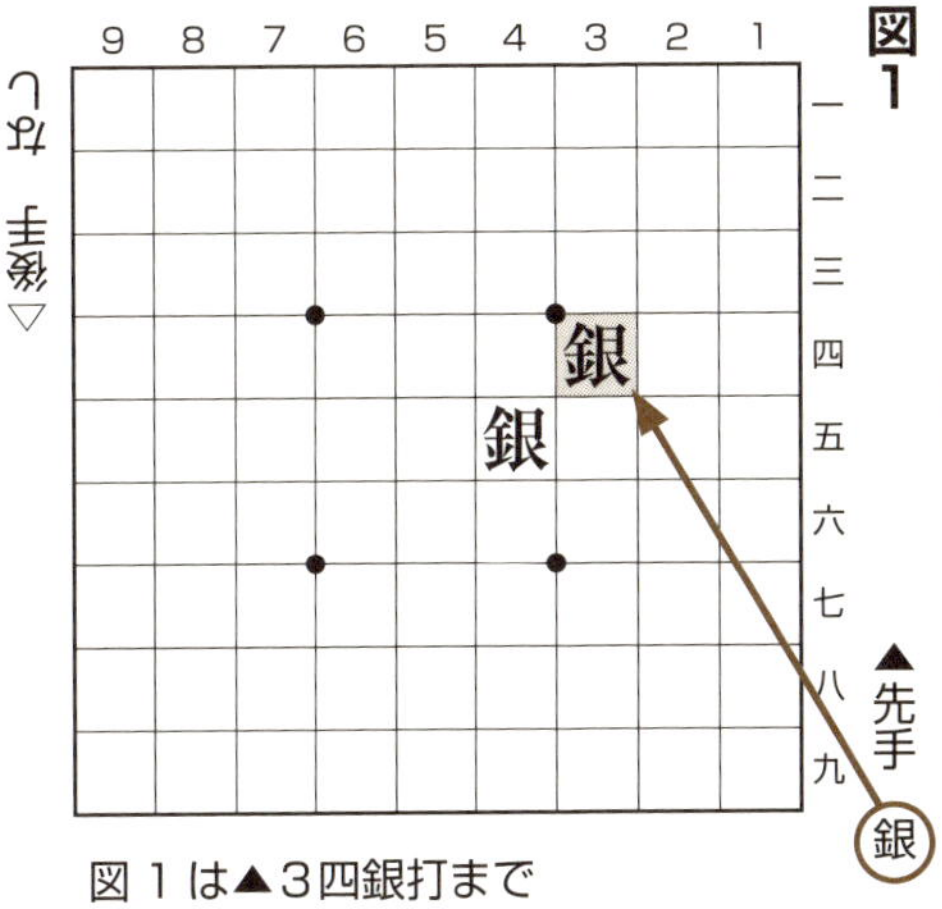

図1は▲3四銀打まで

図《ず》2で4五の金《きん》が5五に動《うご》いた場合《ばあい》は「▲5五金右《きんみぎ》」、6五の金《きん》の場合《ばあい》は「▲5五金左《きんひだり》」、5四の金《きん》の場合《ばあい》は「▲5五金《きん》引《ひく》」、5六の金《きん》の場合《ばあい》は「▲5五金上《きんあがる》」と書《か》いて区別《くべつ》します。

図2

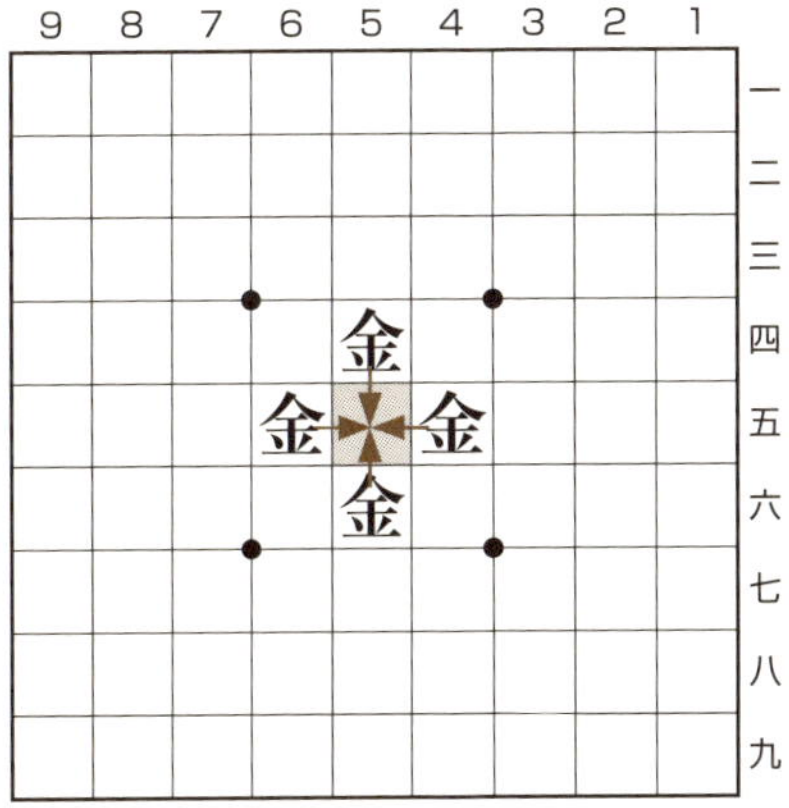

図2は先手番

符号《ふごう》の表《あらわ》し方《かた》　打《う》つ、同《おな》じ駒《こま》の区別《くべつ》②

図《ず》1から4四の銀《ぎん》が5五に動《うご》いた場合《ばあい》は「▲5五銀右引《ぎんみぎひく》」、4六の銀《ぎん》の場合《ばあい》は「▲5五銀右上《ぎんみぎあがる》」、6四の銀《ぎん》の場合《ばあい》は「▲5五銀左引《ぎんひだりひく》」、6六の銀《ぎん》の場合《ばあい》は「▲5五銀左《ぎんひだり》上《あがる》」と書《か》きます。

図1

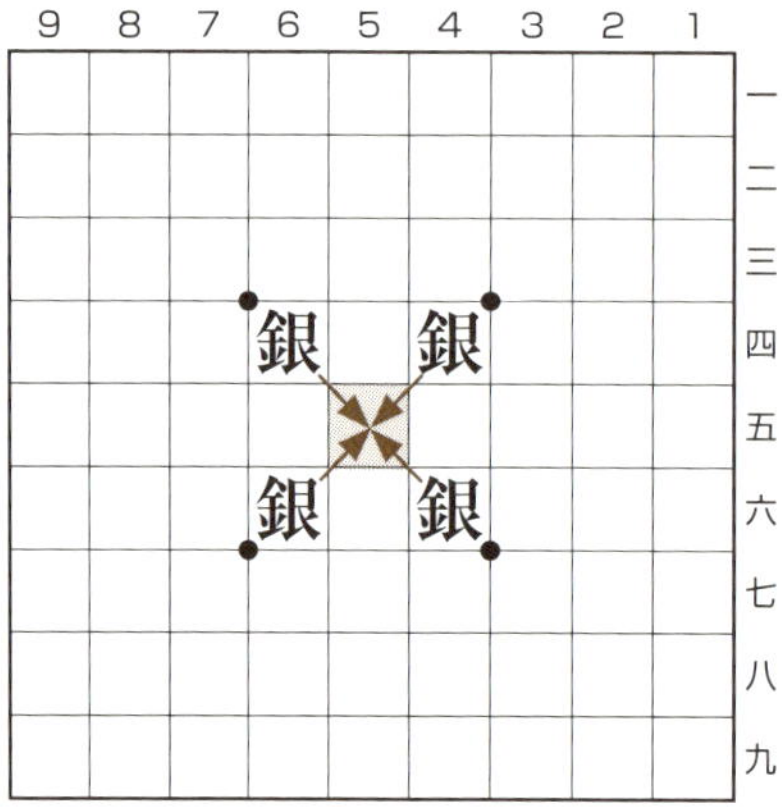

図１は先手番

図《ず》2で4五の金《きん》が5五に動《うご》いた場合《ばあい》は「▲5五金右寄《きんみぎよる》」、4六の金《きん》の場合《ばあい》は「▲5五金右上《きんみぎあがる》」、6五の金《きん》の場合《ばあい》は「▲5五金左寄《きんひだりよる》」、6六の金《きん》の場合《ばあい》は「▲5五金左《きんひだり》上《あがる》」と区別《くべつ》します。

図2

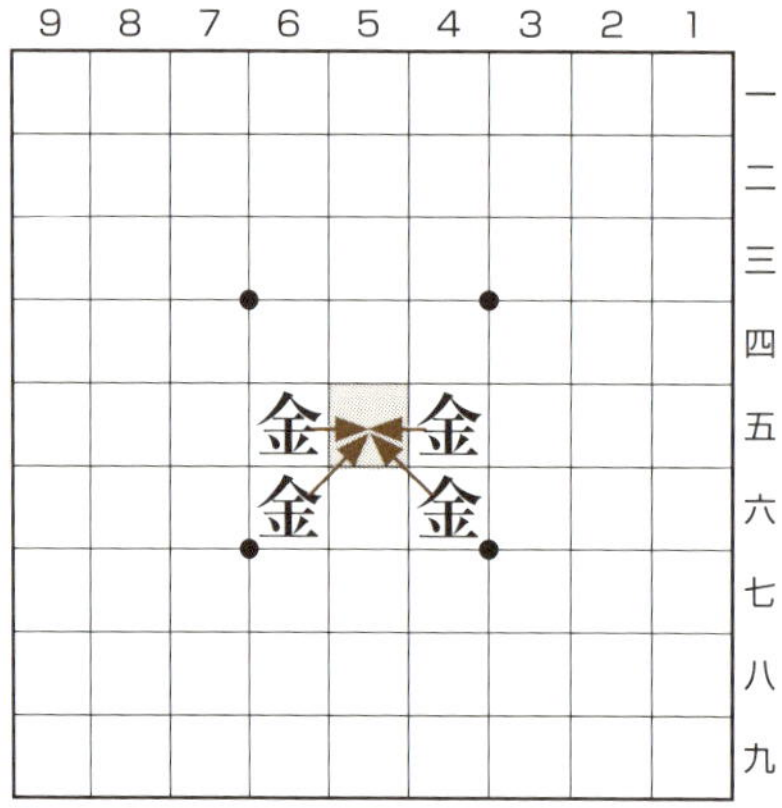

図2は先手番

符号《ふごう》の練習問題《れんしゅうもんだい》

今《いま》まで学《まな》んだ符号《ふごう》による指《さ》し手《て》の表《あらわ》し方《かた》を復習《ふくしゅう》しましょう。

図《ず》1から先手《せんて》は8八の角《かく》で後手《ごて》の3三の角《かく》を取《と》って成《な》りこみました(図《ず》2)。

図《ず》2で後手《ごて》は銀《ぎん》で馬《うま》を取《と》り返《かえ》しました(図《ず》3)。

図《ず》3で先手《せんて》は4九の金《きん》を5八に上《あ》がりました(図《ず》4)。

【符号《ふごう》の練習問題《れんしゅうもんだい》】(答えはP16)

①図《ず》1から図《ず》2への指《さ》し手《て》、②図《ず》2から図《ず》3への指《さ》し手《て》、③図《ず》3から図《ず》4への指《さ》し手《て》をそれぞれ符号《ふごう》で表《あらわ》してみましょう。

図1

図2

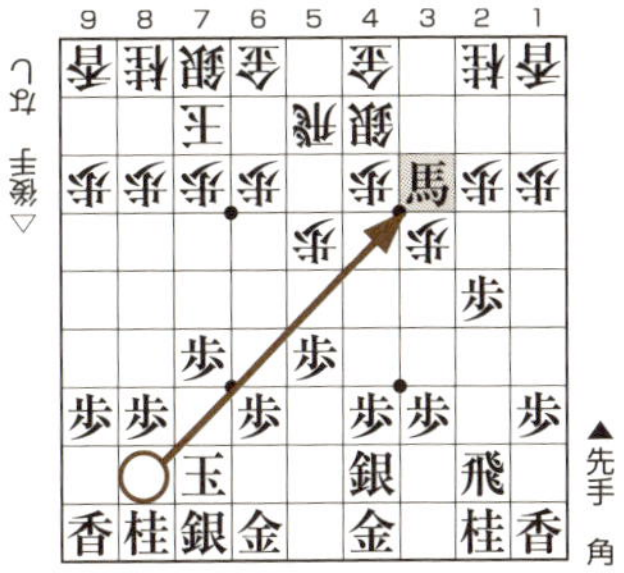

図3

図4

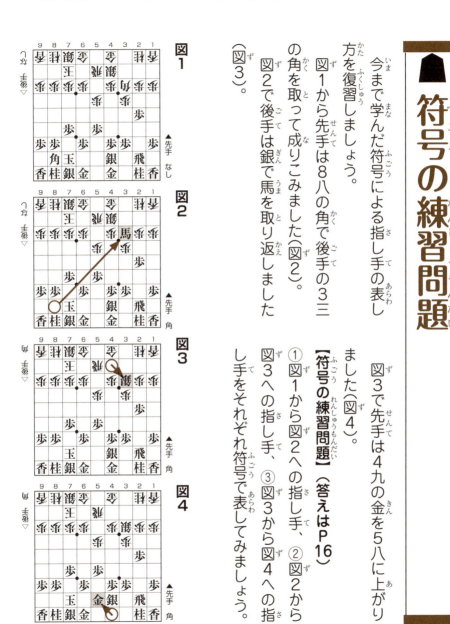

こらむ

「駒《こま》の価《か》値《ち》」

将棋《しょうぎ》では、駒《こま》の交換《こうかん》から戦《たたか》いが始《はじ》まります。特《とく》に序盤《じょばん》は歩《ふ》の交換《こうかん》をすることが多《おお》いです。

同《おな》じ駒《こま》を交換《こうかん》する場合《ばあい》は互角《ごかく》ですが、当然《とうぜん》異《こと》なる駒《こま》を交換《こうかん》する場面《ばめん》も出《で》てきます。駒《こま》の交換《こうかん》では、なるべく相手《あいて》よりも得《とく》をしたいですね。駒《こま》の交換《こうかん》が損《そん》になるか、得《とく》になるか、その判断《はんだん》をするために目安《めやす》として駒《こま》に点数《てんすう》をつけてみると、だいたい下《した》の表《ひょう》のようになります。

相手《あいて》の飛《ひ》とこちらの銀《ぎん》を交換《こうかん》する場合《ばあい》なら、こちら側《がわ》が得《とく》です。逆《ぎゃく》に、こちらの金《きん》と相手《あいて》の桂《けい》を交換《こうかん》する場合《ばあい》はこちらが損《そん》になります。駒《こま》の価値《かち》も参考《さんこう》にしながら指《さ》し方《かた》を考《かんが》えてください。

駒《こま》の種類《しゅりい》	点数《てんすう》
飛《ひ》	10点《てん》
角《かく》	9点《てん》
金《きん》	6点《てん》
銀《ぎん》	5点《てん》
桂《けい》	4点《てん》
香《きょう》	3点《てん》
歩《ふ》	1点《てん》

練習問題《れんしゅうもんだい》(P15)答《こた》え

①▲3三角成《かくなり》

②△同銀《どうぎん》

③▲5八金右《きんみぎ》

序盤《じょばん》の戦《たたか》い方《かた》

戦法《せんぽう》を学《まな》ぼう

攻《せ》めの基本《きほん》は飛《ひ》角《かく》銀《ぎん》桂《けい》

序盤戦《じょばんせん》では、本格的《ほんかくてき》な戦《たたか》いに向《む》けて、攻《せ》めの態勢《たいせい》を整《ととの》えることと、玉《ぎょく》の守《まも》りを固《かた》めることが基本《きほん》となります。

図1居飛車《いびしゃ》

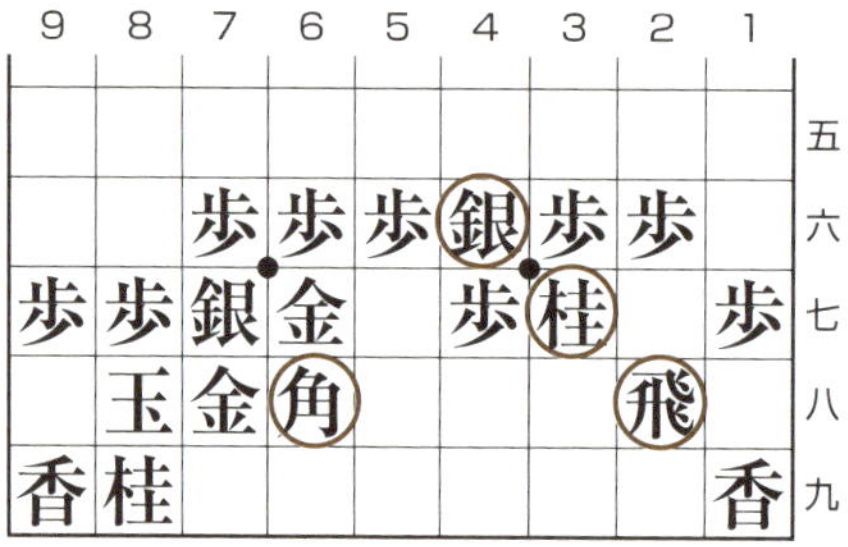

図2振《ふ》り飛車《びしゃ》

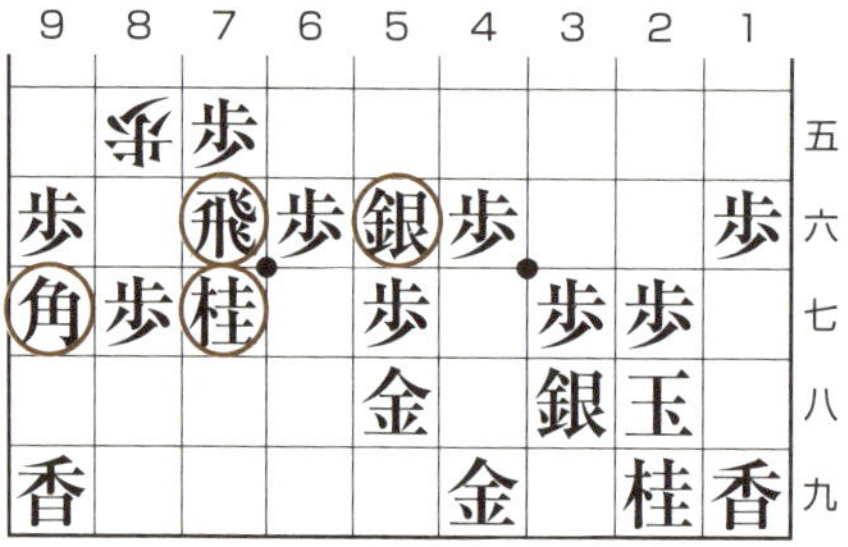

攻《せ》めの態勢《たいせい》については、攻《せ》めの中心《ちゅうしん》となる飛《ひ》の位置《いち》によって、上《うえ》の図《ず》のように飛《ひ》を初《はじ》めの位置《いち》のまま戦《たたか》う「居飛車《いびしゃ》」と、下《した》の図《ず》のように飛《ひ》を左側《ひだりがわ》に移動《いどう》する「振《ふ》り飛車《びしゃ》」とに、大《おお》きく分《わ》けることができます。

また、「攻《せ》めの基本《きほん》は飛角銀桂《ひかくぎんけい》」という格言《かくげん》(短《みじか》い教《おし》えの言葉《ことば》)があります。飛《ひ》、角《かく》、銀《ぎん》、桂《けい》が攻《せ》めの中心《ちゅうしん》となることを示《しめ》しています。図《ず》では、茶色《ちゃいろ》の丸《まる》○のついた飛《ひ》、角《かく》と飛側《ひがわ》の銀《ぎん》、桂《けい》が攻《せ》めの駒《こま》になります。

玉《ぎょく》と飛車《ひしゃ》を遠《とお》ざける

　玉《ぎょく》の守《まも》りについては、玉《ぎょく》と飛《ひ》を遠《とお》ざけるのが大切《たいせつ》な考《かんが》え方《かた》となります。「玉飛《ぎょくひ》接近《せっきん》すべからず」という格言《かくげん》もあります。玉《ぎょく》が飛《ひ》の近《ちか》くにいると、相手《あいて》から玉《ぎょく》と飛《ひ》を同時《どうじ》に狙《ねら》われてしまいます。飛《ひ》は攻《せ》めの中心《ちゅうしん》になる駒《こま》ですが、玉《ぎょく》の近《ちか》くにいると、攻《せ》めの力《ちから》が半減《はんげん》してしまいます。

　また「玉《ぎょく》の囲《かこ》いは金銀《きんぎん》三枚《まい》」という格言《かくげん》があります。通常《つうじょう》は金《きん》二枚《まい》と銀《ぎん》一枚《まい》が守《まも》りの駒《こま》となります。

　上《うえ》の二《ふた》つの図《ず》の例《れい》でも、玉《ぎょく》は飛《ひ》の反対側《はんたいがわ》に、金銀《きんぎん》三枚《まい》で囲《かこ》っています。

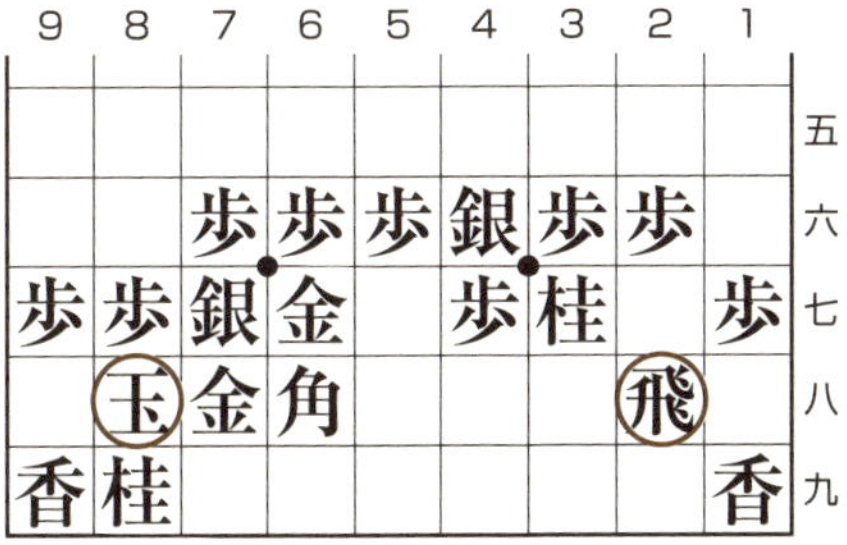

図1 居飛車《いびしゃ》

図2 振《ふ》り飛車《びしゃ》

相居飛車《あいいびしゃ》

図1 相居飛車《あいいびしゃ》

飛《ひ》を初《はじ》めの位置《いち》のまま、主《おも》に縦《たて》に使《つか》って戦《たたか》うのが「居飛車《いびしゃ》」です。先手《せんて》も後手《ごて》もお互《たが》いに居飛車《いびしゃ》で戦《たたか》うことを「相居《あいい》飛車《びしゃ》」と呼《よ》びます。

相居飛車戦《あいいびしゃせん》は、玉《ぎょく》の囲《かこ》いや、角《かく》を交換《こうかん》しているか、飛車先《ひしゃさき》の歩《ふ》を交換《こうかん》しているかなどによって、「相矢倉《あいやぐら》」、「角換《かくが》わり」、「相掛《あいが》かり」、「横歩取《よこふど》り」などに分《わ》かれます。

図《ず》の先手《せんて》の7八金《きん》、7七銀《ぎん》、6七金《きん》の囲《かこ》いを「矢倉《やぐら》」と言《い》います。図《ず》は、相居《あいい》飛車《びしゃ》の中《なか》で、お互《たが》い矢倉《やぐら》に囲《かこ》って戦《たたか》う「相矢倉《あいやぐら》」の例《れい》です。

相矢倉《あいやぐら》

初手《しょて》より(はじめからの指《さ》し手《て》)

▲7六歩《ふ》　△8四歩《ふ》　▲6八銀《ぎん》　△3四歩《ふ》

▲7七銀《ぎん》（図《ず》1）

「相矢倉《あいやぐら》」の出《で》だしの例《れい》です。

図《ず》1の▲7七銀《ぎん》が、先手《せんて》が矢倉《やぐら》を目指《めざ》す第一歩《だいいっぽ》です。

その後、後手《ごて》も矢倉囲《やぐらがこ》いを目指《めざ》していくと、図《ず》2のような形《かたち》に進《すす》んでいきます。これが「相矢倉《あいやぐら》」のよくある形《かたち》の一《ひと》つです。

図1 相矢倉《あいやぐら》

図1は▲7七銀まで

図2 相矢倉《あいやぐら》

図2は△7四歩まで

角《かく》換《が》わり

初手《しょて》より（はじめからの指《さ》し手《て》）
▲7六歩《ふ》　△8四歩《ふ》　▲2六歩《ふ》　△8五歩《ふ》
▲7七角《かく》　△3四歩《ふ》　▲6八銀《ぎん》　△3二金《きん》
▲7八金《きん》　△7七角成《かくなり》▲同《どう》　銀《ぎん》（図《ず》1）

図《ず》1までが、序盤《じょばん》の早《はや》い段階《だんかい》で角交換《かくこうかん》が行《おこな》われる「角換《かくが》わり」の出《で》だしの例《れい》です。「角換《かくが》わり」には、「棒銀《ぼうぎん》」、「早繰《はやく》り銀《ぎん》」、「腰掛銀《こしかけぎん》」などがあり、図《ず》2は「腰掛銀《こしかけぎん》」に組《く》み上《あ》がった場合《ばあい》の例《れい》です。

図《ず》1 角換《かくが》わり

図1は▲7七同銀まで

図《ず》2 腰掛銀《こしかけぎん》

図2は△3三銀まで

相掛《あいが》かり・横歩取《よこふど》り

初手《しょて》より（はじめからの指《さ》し手《て》）
▲2六歩《ふ》　△8四歩《ふ》　▲2五歩《ふ》　△8五歩《ふ》
▲7八金《きん》　△3二金《きん》（図《ず》1）

「相掛《あいが》かり」は、図《ず》1のようにお互《たが》い飛車先《ひしゃさき》の歩《ふ》を伸《の》ばしていくところから始《はじ》まります。

図《ず》1からは、飛車先《ひしゃさき》の歩《ふ》を交換《こうかん》して（図《ず》2）、駒組《こまぐ》みが進《すす》んでいきます。

初手《しょて》より（はじめからの指《さ》し手《て》）
▲7六歩《ふ》　△3四歩《ふ》　▲2六歩《ふ》　△8四歩《ふ》
▲2五歩《ふ》　△8五歩《ふ》　▲7八金《きん》　△3二金《きん》
▲2四歩《ふ》　△同《どう》　歩《ふ》　▲同《どう》　飛《ひ》　△8六歩《ふ》
▲同《どう》　歩《ふ》　△同《どう》　飛《ひ》（図《ず》3）

図《ず》3から、▲3四飛《ひ》（図《ず》4）と飛《ひ》で横《よこ》から歩《ふ》を取《と》るのが「横歩取《よこふど》り」の出《で》だしです。

図《ず》1 相掛《あいが》かり

▲先手　なし

△後手　なし

図1は△3二金まで

図《ず》2 相掛《あいが》かり

▲先手　歩

△後手　なし

図2は▲2六飛まで

図《ず》3 横歩取《よこふど》り

▲先手　歩2

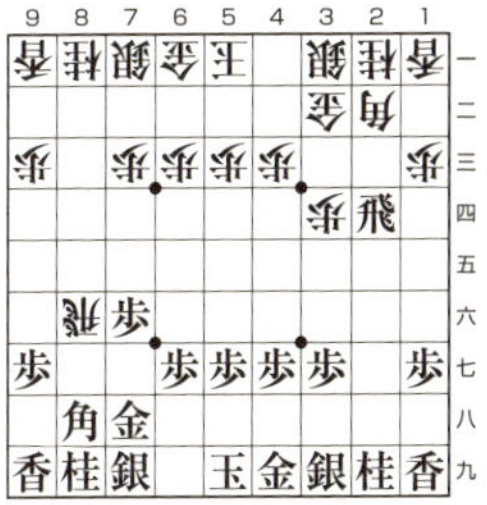

△後手　歩2

図3は△8六同飛まで

図《ず》4 横歩取《よこふど》り

▲先手　歩3

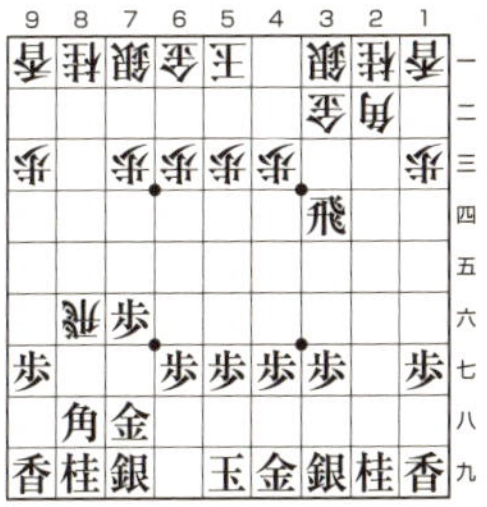

△後手　歩2

図4は▲3四飛まで

振《ふ》り飛《び》車《しゃ》

図1 振《ふ》り飛《び》車《しゃ》

飛《ひ》を初《はじ》めの位置《いち》から左《ひだり》に大《おお》きく移動《いどう》して戦《たたか》うのが「振《ふ》り飛《び》車《しゃ》」です。

図《ず》は先手《せんて》が居飛車《いびしゃ》、後手《ごて》が振《ふ》り飛《び》車《しゃ》です。このような振《ふ》り飛《び》車《しゃ》対居飛車《たいいびしゃ》の戦《たたか》いを「対抗形《たいこうけい》」と呼《よ》びます。

振《ふ》り飛《び》車《しゃ》は、飛《ひ》の位置《いち》によって、「中飛《なかび》車《しゃ》」、「四間飛車《しけんびしゃ》」、「三間飛車《さんげんびしゃ》」、「向《む》かい飛《び》車《しゃ》」に分《わ》けられます。次《つぎ》のページで詳《くわ》しく説明《せつめい》します。

また、振《ふ》り飛《び》車《しゃ》には、角交換《かくこうかん》を避《さ》けるために角道《かくみち》を止《と》めて戦《たたか》うノーマル振《ふ》り飛《び》車《しゃ》と、角道《かくみち》を止《と》めずに角《かく》を交換《こうかん》して戦《たたか》う角交換振《かくこうかんふ》り飛《び》車《しゃ》があります。

振《ふ》り飛《び》車《しゃ》の種《しゅ》類《るい》

図《ず》1〜4にノーマル振《ふ》り飛車《びしゃ》の例《れい》を示《しめ》します。図《ず》1が真《ま》ん中《なか》（5筋《すじ》）に飛《ひ》を配置《はいち》する「中飛車《なかびしゃ》」です。図《ず》2が左《ひだり》から4番目《ばんめ》の筋《すじ》（先手《せんて》なら6筋《すじ》、後手《ごて》なら4筋《すじ》）に飛《ひ》を振《ふ》る「四間飛車《しけんびしゃ》」、図《ず》3が左《ひだり》から3番目《ばんめ》の筋《すじ》に飛《ひ》を振《ふ》る「三間飛車《さんげんびしゃ》」です。図《ず》4は、相手《あいて》の居飛車《いびしゃ》と飛《ひ》が向《む》かい合《あ》うので、「向《む》かい飛車《びしゃ》」と呼《よ》びます。

図《ず》1 中飛車《なかびしゃ》

図《ず》2 四間飛車《しけんびしゃ》

図《ず》3 三間飛車《さんげんびしゃ》

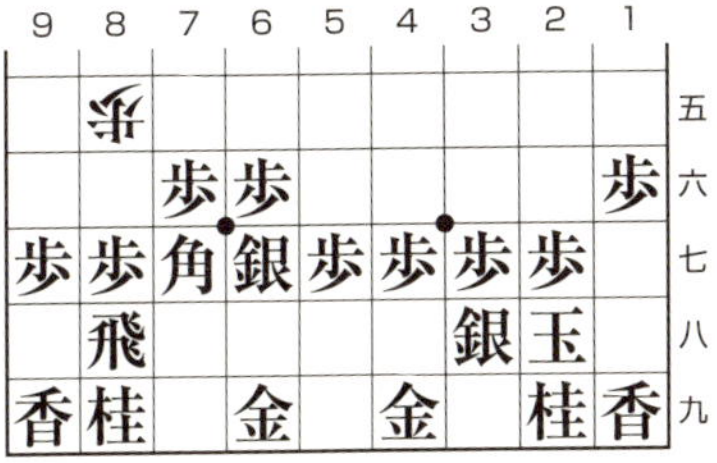

図《ず》4 向《む》かい飛車《びしゃ》

ノーマル振《ふ》り飛車《びしゃ》と角交換《かくこうかん》振《ふ》り飛車《びしゃ》

初手《しょて》より（はじめからの指《さ》し手《て》）
▲7六歩《ふ》　△3四歩《ふ》　▲2六歩《ふ》　△4四歩《ふ》
▲4八銀《ぎん》　△4二飛《ひ》　▲2五歩《ふ》　△3三角《かく》
（図《ず》1）

ノーマル振《ふ》り飛車《びしゃ》は、出《で》だしで角道《かくみち》を止《と》めて、角交換《かくこうかん》を避《さ》け、相手《あいて》の飛車先《ひしゃさき》を角《かく》で守《まも》ります（図《ず》1）。一方《いっぽう》、角交換振《かくこうかんふ》り飛車《びしゃ》は、図《ず》2のように、出《で》だしで角道《かくみち》を止《と》めません。

初手《しょて》より（はじめからの指《さ》し手《て》）
▲7六歩《ふ》　△3四歩《ふ》　▲2六歩《ふ》　△5四歩《ふ》
▲2五歩《ふ》　△5二飛《ひ》　（図《ず》3）

図《ず》3の「ゴキゲン中飛車《なかびしゃ》」や、図《ず》4の「石田流三間飛車《いしだりゅうさんげんびしゃ》」も、出《で》だしで角道《かくみち》を止《と》めないので、角交換《かくこうかん》になる場合《ばあい》があります。

図《ず》1ノーマル振《ふ》り飛車《びしゃ》

図1は△3三角まで

図《ず》2角交換振《かくこうかんふ》り飛車《びしゃ》

図2は△6二玉まで

図《ず》3ゴキゲン中飛車《なかびしゃ》

図3は△5二飛まで

図《ず》4石田流三間飛車《いしだりゅうさんげんびしゃ》

図4は△3二飛まで

対《たい》振《ふ》り飛《び》車《しゃ》

振《ふ》り飛車《びしゃ》に対《たい》する居飛車側《いびしゃがわ》の作戦《さくせん》は、早《はや》いうちから攻《せ》めていく「急戦《きゅうせん》」と、じっくり戦《たたか》う「持久戦《じきゅうせん》」に分《わ》かれます。

急戦《きゅうせん》では、飛《ひ》・角《かく》・銀《ぎん》・桂《けい》による攻撃《こうげき》態勢《たいせい》を整《ととの》えることを優先《ゆうせん》し、玉《ぎょく》は手早《てばや》く囲《かこ》って、早《はや》くから戦《たたか》いを起《お》こします。図《ず》1や図《ず》2が急戦《きゅうせん》の駒組《こまぐ》みの例《れい》です。

持久戦《じきゅうせん》では、攻撃態勢《こうげきたいせい》を整《ととの》えることよりも、玉《ぎょく》の囲《かこ》いを重視《じゅうし》します。左美濃《ひだりみの》（図《ず》3）や居飛車穴熊《いびしゃあなぐま》（図《ず》4）などに、しっかりと玉《ぎょく》を囲《かこ》います。玉《ぎょく》が堅《かた》ければ、大《おお》駒交換《ごまこうかん》など、強《つよ》く切《き》り合《あ》うことができます。持久戦《じきゅうせん》の居飛車側《いびしゃがわ》は囲《かこ》いの名前《なまえ》が戦法《せんぽう》の名前《なまえ》にもなることがあります。

図《ず》1 急戦《きゅうせん》

図1は▲4六銀まで

図《ず》2 急戦《きゅうせん》

図2は▲6八銀まで

図《ず》3 左美濃《ひだりみの》

図3は▲5八金右まで

図《ず》4 居飛車穴熊《いびしゃあなぐま》

図4は▲7八金まで

相振《あいふ》り飛車《びしゃ》

お互《たが》いに飛《ひ》を左《ひだり》に移動《いどう》する振《ふ》り飛車《びしゃ》にした場合《ばあい》を「相振《あいふ》り飛車《びしゃ》」と呼《よ》びます。相振《あいふ》り飛車《びしゃ》は、飛《ひ》の位置《いち》（中《なか》飛車《びしゃ》、四間飛車《しけんびしゃ》、三間飛車《さんげんびしゃ》、向《む》かい飛車《びしゃ》）と、玉《ぎょく》の囲《かこ》いによって、様々《さまざま》なパターンがあります。

図《ず》1はお互《たが》いが三間飛車《さんげんびしゃ》・金無双《きんむそう》の例《れい》、図《ず》2は先手向《せんてむ》かい飛車《びしゃ》対後手三間《たいごてさんげん》飛車《びしゃ》で、先手《せんて》が矢倉模様《やぐらもよう》、後手《ごて》が美濃囲《みのがこ》いの例《れい》です。

図1　三間飛車《さんげんびしゃ》・金無双《きんむそう》

▲先手　なし

△後手　なし

図1は△6二金上まで

図《ず》2　先手向《せんてむ》かい飛車《びしゃ》対《たい》後手《ごて》三間飛車《さんげんびしゃ》

▲先手　歩

△後手　歩

図2は▲4八玉まで

相居飛車《あいいびしゃ》の囲《かこ》い　矢倉《やぐら》

ここからは玉《ぎょく》の囲《かこ》いについて見《み》ていきます。まずは相居飛車《あいいびしゃ》で用《もち》いられる囲《かこ》いです。矢倉《やぐら》は相居飛車《あいいびしゃ》の代表的《だいひょうてき》な囲《かこ》いです。図《ず》1が矢倉《やぐら》の基本《きほん》となる「金矢倉《きんやぐら》」です。単《たん》に矢倉《やぐら》といえば、この形《かたち》を指《さ》します。

金矢倉《きんやぐら》に銀《ぎん》が一枚加《まいくわ》わった図《ず》2を「総《そう》矢倉《やぐら》」と呼《よ》びます。

図《ず》3の囲《かこ》いは「片矢倉《かたやぐら》」です。金矢倉《きんやぐら》より金《きん》が1マス右《みぎ》に寄《よ》っていて、5八や6九に利《き》いているため、角《かく》の打《う》ち込《こ》みのスキがなくなっています。

図《ず》4の6七の金《きん》が銀《ぎん》になっている矢倉《やぐら》は「銀矢倉《ぎんやぐら》」です。

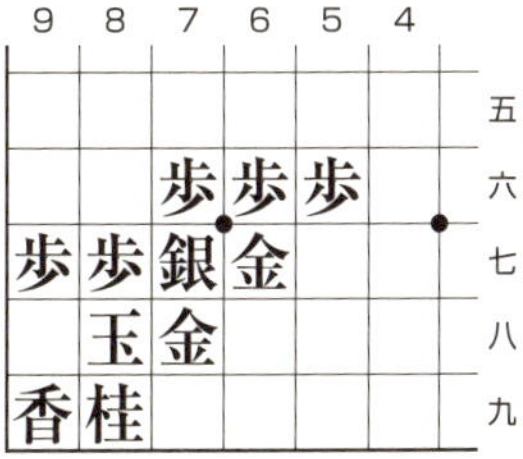

図《ず》1 金矢倉《きんやぐら》

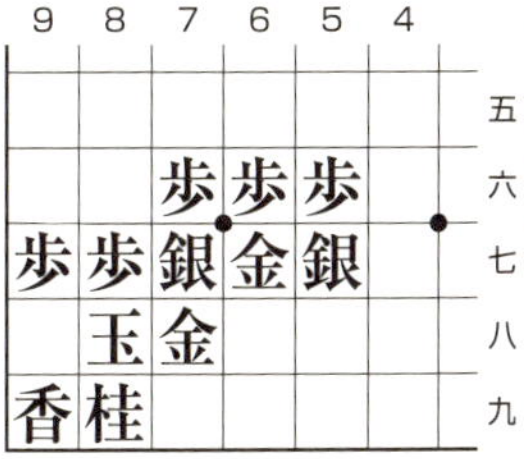

図《ず》2 総矢倉《そうやぐら》

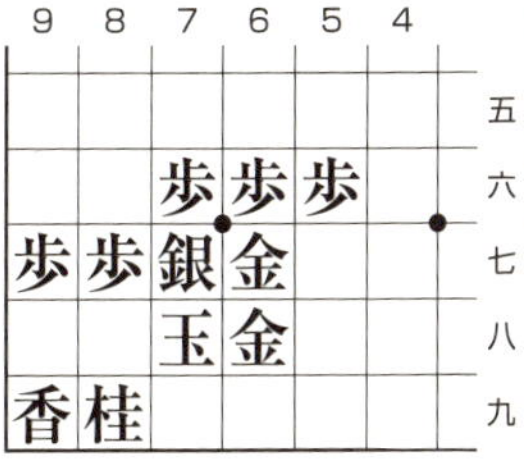

図《ず》3 片矢倉《かたやぐら》

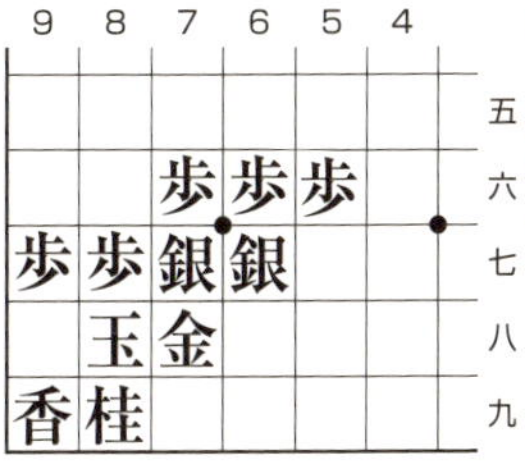

図《ず》4 銀矢倉《ぎんやぐら》

相居飛車《あいびしゃ》の囲《かこ》い

金矢倉《きんやぐら》の組《く》み方《かた》

金矢倉《きんやぐら》の組《く》み方《かた》を紹介《しょうかい》します。

（図《ず》1からの指《さ》し手《て》）（先手《せんて》のみ）

▲7六歩《ふ》～▲6八銀《ぎん》～▲7七銀《ぎん》（図《ず》2）～▲5六歩《ふ》～▲7八金《きん》～▲6九玉《ぎょく》～▲5八金《きん》～▲6六歩《ふ》～▲7九角《かく》～▲6七金右《きんみぎ》（図《ず》3）～▲6八角《かく》～▲7九玉《ぎょく》～▲8八玉《ぎょく》（図《ず》4）

図《ず》1

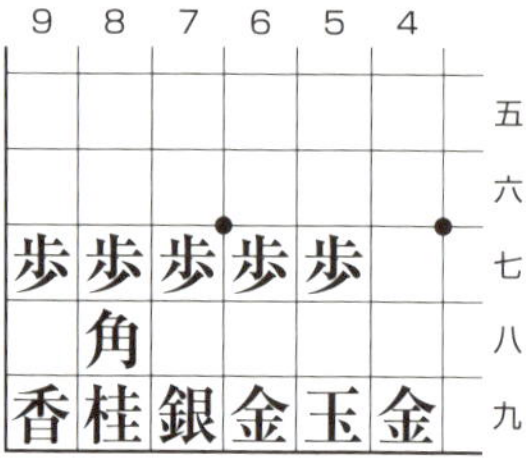

図《ず》2

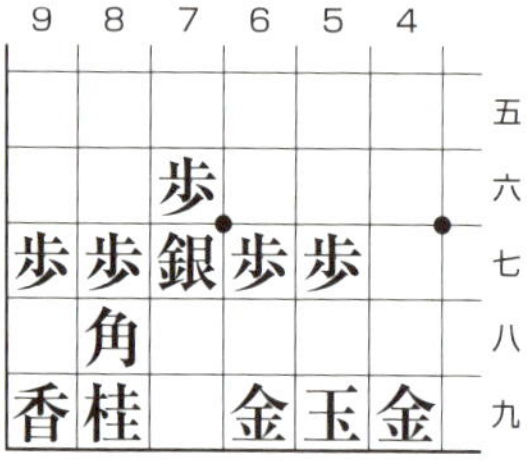

この手順《てじゅん》は一例《いちれい》です。金銀《きんぎん》を動《うご》かす手《て》や、歩《ふ》を突《つ》く手《て》の順番《じゅんばん》が入《い》れ替《か》わることもあります。また、図《ず》にはありませんが、飛車先《ひしゃさき》の歩《ふ》や右側《みぎがわ》の銀桂《ぎんけい》など攻《せ》めの陣形《じんけい》を整《ととの》える手《て》も途中《とちゅう》に入《はい》ります。図《ず》3まで矢倉《やぐら》の囲《かこ》いを作《つく》り、角《かく》を移動《いどう》してから、玉《ぎょく》を入城《にゅうじょう》（囲《かこ》いの中《なか》に入《い》れること）します。

図《ず》3

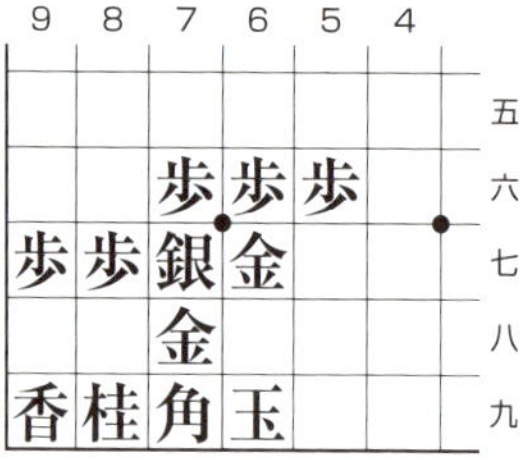

図《ず》4 金矢倉《きんやぐら》

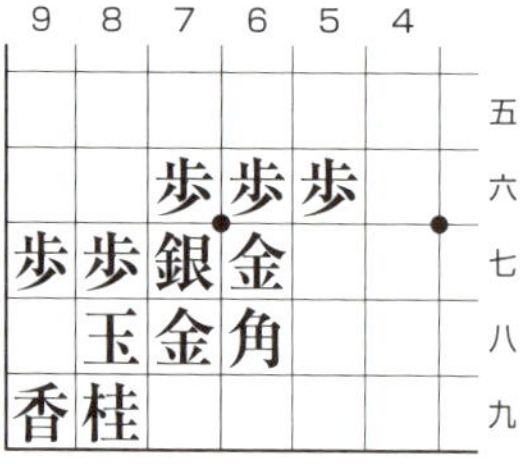

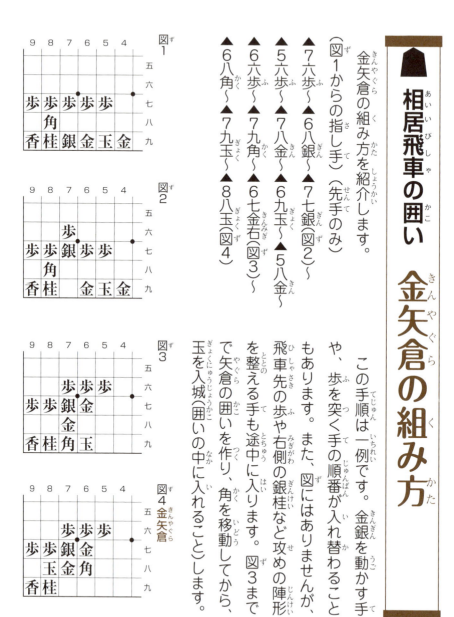

相居飛車《あいいびしゃ》の囲《かこ》い

カニ囲《がこ》い・左美濃《ひだりみの》・雁木《がんぎ》

図《ず》1が「カニ囲《がこ》い」です。左右《さゆう》の金《きん》がカニのはさみに見《み》えることからこう呼《よ》ばれます。囲《かこ》いに手数《てすう》がかからないので、急戦《きゅうせん》に向《む》いていています。カニ囲《がこ》いから矢倉《やぐら》に組《く》むこともあります。

図《ず》2は「左美濃《ひだりみの》」です。相居飛車《あいいびしゃ》においては、矢倉《やぐら》に対《たい》して急戦《きゅうせん》を仕掛《しかけ》ける場《ば》合《あい》などに用《もち》いられます。カニ囲《がこ》い同様《どうよう》、囲《かこ》いに手数《てすう》がかかりません。

図《ず》3は銀《ぎん》が並《なら》んだ「雁木《がんぎ》」です。古《ふる》くからある形《かたち》で、金《きん》の利《き》きに銀《ぎん》がいて、銀《ぎん》の利《き》きに金《きん》がいる金銀《きんぎん》の連結《れんけつ》がよい形《かたち》です。雁木《がんぎ》には図《ず》4のように右銀《みぎぎん》を5七ではなく、4七に置《お》く形《かたち》もあります。

図《ず》1 カニ囲《がこ》い

9	8	7	6	5	4	
						五
		歩				六
歩	歩		歩	歩		七
	角	金	銀	金		八
香	桂		玉			九

図《ず》2 左美濃《ひだりみの》

9	8	7	6	5	4	
						五
		歩				六
歩	歩		歩	歩		七
	角	銀		金		八
香	桂	玉	金			九

図《ず》3 雁木《がんぎ》

9	8	7	6	5	4	
						五
		歩	歩	歩		六
歩	歩		銀	銀		七
	角	金		金		八
香	桂		玉			九

図《ず》4 雁木《がんぎ》

9	8	7	6	5	4	
						五
		歩	歩		歩	六
歩	歩	角	銀	歩	銀	七
		金		金		八
香	桂		玉			九

相居飛車《あいいびしゃ》の囲《かこ》い　いちご囲《がこ》い・中住《なかず》まい・中原囲《なかはらがこ》い

相掛《あいが》かりや横歩取《よこふど》りは、早《はや》くから激《はげ》しい戦《たたか》いになることが多《おお》く、囲《かこ》いはできるだけ早《はや》くにすませる必要《ひつよう》があります。相掛《あいが》かりや横歩取《よこふと》りに用《もち》いられる囲《かこ》いを見《み》ていきましょう。図《ず》1はいちご囲《がこ》いです。3手《て》（▲7八金《きん》～▲6八玉《ぎょく》～▲5八金《きん》）で囲《かこ》いができあがります。

図《ず》2および図《ず》3は「中住《なかず》まい」です。中央《ちゅうおう》に玉《ぎょく》を囲《かこ》い、状況《じょうきょう》によっては、左右《さゆう》どちらにも玉《ぎょく》が逃《に》げることができます。図《ず》4は「中原囲《なかはらがこ》い」です。中原《なかはら》十六世《せい》名人《めいじん》が実戦《じっせん》によく用《もち》いたことから、この名前《なまえ》がつきました。

図《ず》1 いちご囲《がこ》い

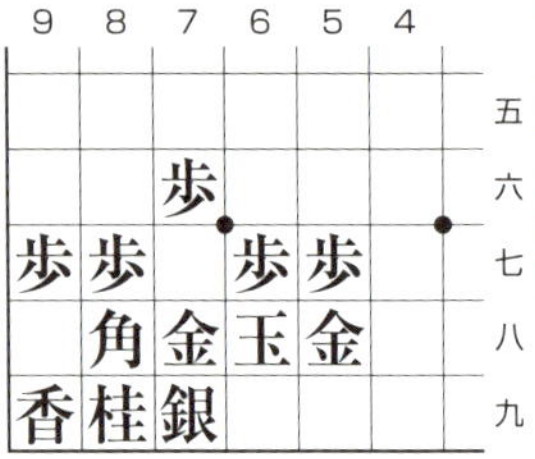

図《ず》2 中住《なかず》まい

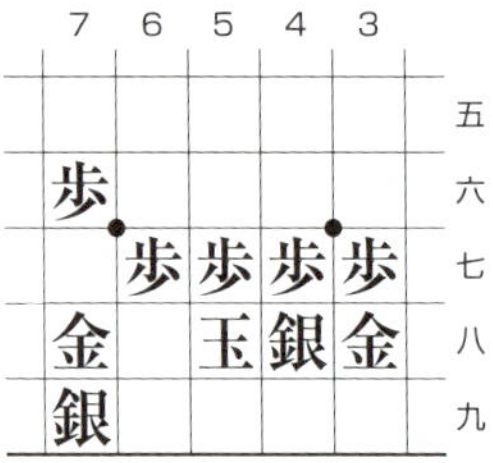

図《ず》3 中住《なかず》まい

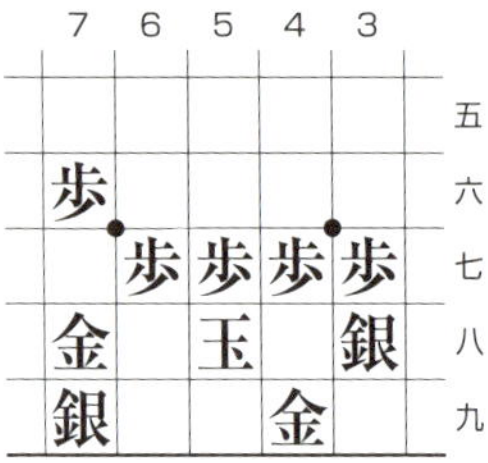

図《ず》4 中原囲《なかはらがこ》い

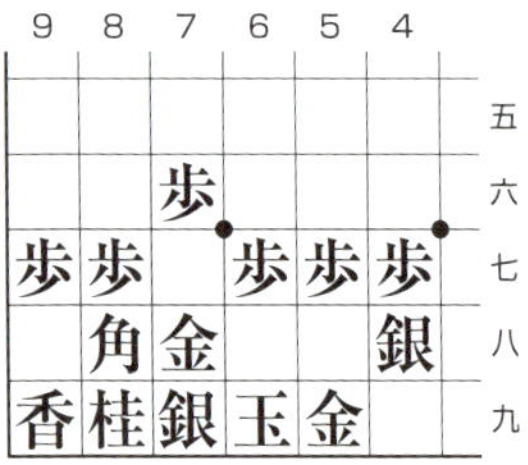

対抗形《たいこうけい》（振《ふ》り飛車側《びしゃがわ》）の囲《かこ》い　美濃囲《みのがこ》い

続《つづ》いて居飛車《いびしゃ》対《たい》振《ふ》り飛車《びしゃ》（対抗形《たいこうけい》）の囲《かこ》いです。まずは振《ふ》り飛車側《びしゃがわ》の代表的《だいひょうてき》な囲《かこ》いである「美濃囲《みのがこ》い」から見《み》ていきましょう。

図《ず》1は「片美濃囲《かたみのがこ》い」です。4九金《きん》、3八銀《ぎん》の配置《はいち》が、美濃囲《みのがこ》いの基本《きほん》となります。

図《ず》1　片美濃囲《かたみのがこ》い

6	5	4	3	2	1	
						五
						六
	歩	歩	歩	歩	歩	七
			銀	玉		八
		金		桂	香	九

図《ず》2　本美濃囲《ほんみのがこ》い

6	5	4	3	2	1	
						五
					歩	六
	歩	歩	歩	歩		七
	金		銀	玉		八
		金		桂	香	九

片美濃《かたみの》に金《きん》が一枚《まい》加《くわ》わった図《ず》2を「本美濃囲《ほんみのがこ》い」と呼《よ》びます。

図《ず》3は、本美濃《ほんみの》を上部《じょうぶ》に発展《はってん》させた「高美濃囲《たかみのがこ》い」です。

高美濃《たかみの》をさらに発展《はってん》させると、図《ず》4の「銀冠《ぎんかんむり》」となります。玉《ぎょく》の頭《あたま》に銀《ぎん》がいるのでこの名前《なまえ》がつきました。

図《ず》3　高美濃囲《たかみのがこ》い

6	5	4	3	2	1	
						五
	歩	歩	歩		歩	六
		金	桂	歩		七
			銀	玉		八
		金			香	九

図《ず》4　銀冠《ぎんかんむり》

6	5	4	3	2	1	
						五
	歩	歩	歩	歩	歩	六
		金	桂	銀		七
			金	玉		八
					香	九

対抗形《たいこうけい》（振《ふ》り飛車側《びしゃがわ》）の囲《かこ》い
美濃囲《みのがこ》いの組《く》み方《かた》

（図《ず》1からの指《さ》し手《て》①）（先手《せんて》のみ）
▲4八玉《ぎょく》〜▲3八玉《ぎょく》〜▲2八玉《ぎょく》（図《ず》2）〜
▲3八銀《ぎん》〜▲5八金左《きんひだり》（図《ず》4）
（図《ず》1からの指《さ》し手《て》②）（先手《せんて》のみ）
▲4八玉《ぎょく》〜▲3八銀《ぎん》〜▲3九玉《ぎょく》（図《ず》3）〜
▲5八金左《きんひだり》〜▲2八玉《ぎょく》（図《ず》4）

美濃囲《みのがこ》いへの組《く》み方《かた》を見《み》ていきましょう。手順《てじゅん》の例《れい》を二《ふた》つあげました。①の順《じゅん》は先《さき》に玉《ぎょく》を2八まで移動《いどう》してから銀《ぎん》を動《うご》かす順《じゅん》、②の順《じゅん》は先《さき》に美濃《みの》の形《かたち》を作《つく》ってから、玉《ぎょく》を入城《にゅうじょう》する順《じゅん》です。組《く》み上《あ》がってしまえば、どちらも同《おな》じ形《かたち》となります。

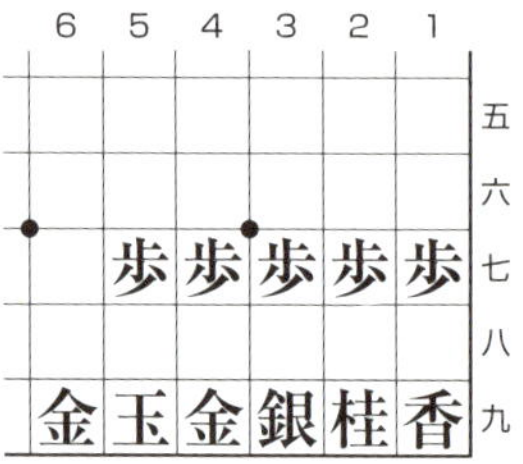

図《ず》1

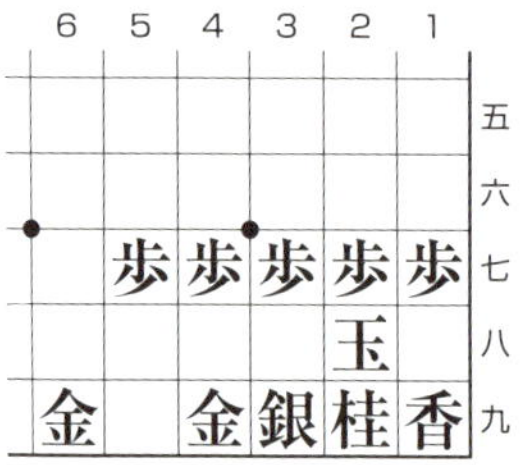

図《ず》2

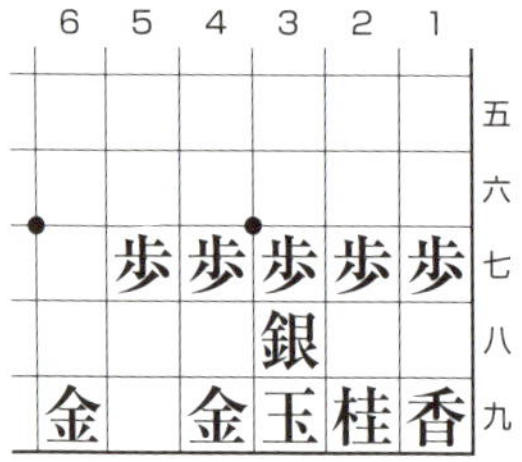

図《ず》3

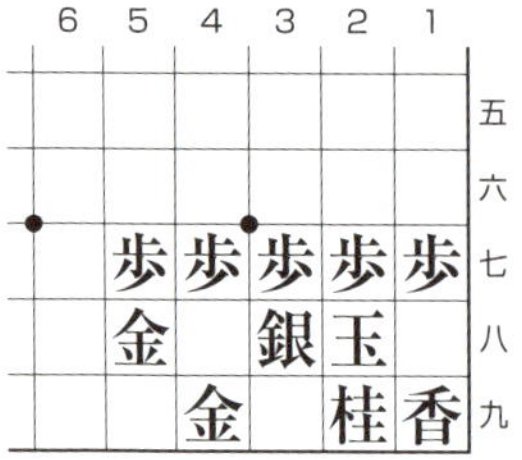

図《ず》4 美濃囲《みのがこ》い

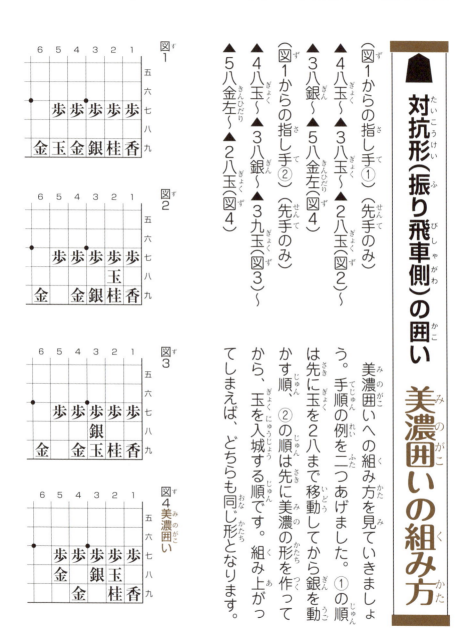

対抗形《たいこうけい》（振《ふ》り飛車側《びしゃがわ》）の囲《かこ》い　銀冠《ぎんかんむり》の組《く》み方《かた》

（図《ず》1からの指《さ》し手《て》）（先手《せんて》のみ）
▲1六歩《ふ》～▲4六歩《ふ》～▲5六歩《ふ》～▲3六歩《ふ》～
▲4七金《きん》～▲3七桂《けい》（図《ず》2）～▲2六歩《ふ》～
▲2七銀《ぎん》（図《ず》3）～▲3八金《きん》（図《ず》4）

美濃囲《みのがこ》いから銀冠《ぎんかんむり》までの組《く》み方《かた》の例《れい》を見《み》ていきます。1～5筋《すじ》の歩《ふ》を突《つ》く順番《じゅんばん》や、▲3七桂《けい》を跳《は》ねるタイミングは、この手順《てじゅん》に限《かぎ》らず、いろいろ考《かんが》えられます。5八の金《きん》を4七に持《も》っていき、高美濃《たかみの》となります。銀冠《ぎんかんむり》にする途中《とちゅう》の図《ず》3は、金《きん》と銀《ぎん》がはなればなれになり、玉《ぎょく》の脇《わき》もあくので注意《ちゅうい》が必要《ひつよう》です。

図《ず》1　本美濃囲《ほんみのがこ》い

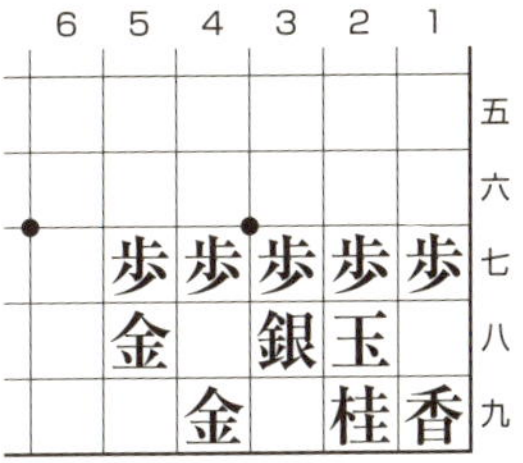

図《ず》2　高美濃囲《たかみのがこ》い

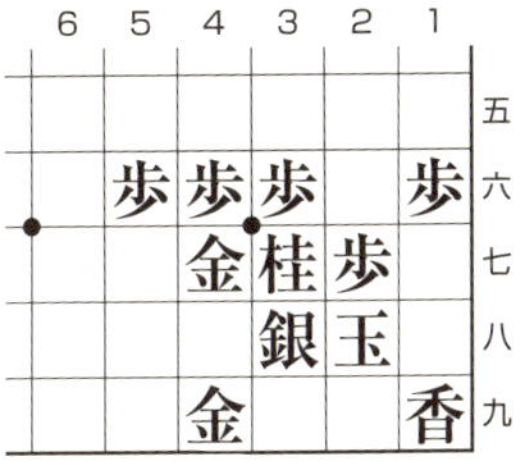

図《ず》3

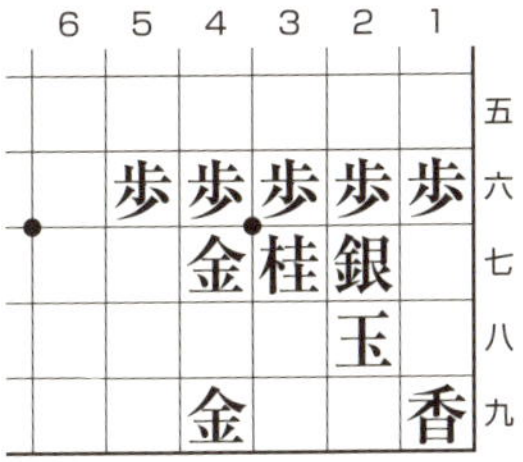

図《ず》4　銀冠《ぎんかんむり》

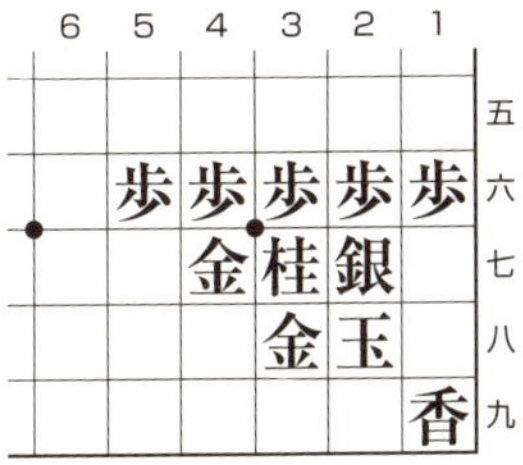

対抗形《たいこうけい》(振《ふ》り飛車側《びしゃがわ》)の囲《かこ》い　美濃《みの》の仲間《なかま》・穴熊《あなぐま》

図《ず》1も美濃囲《みのがこ》いの仲間《なかま》です。木村《きむら》十四世名人《せいめいじん》がよく用《もち》いたことから、「木村《きむら》美濃《みの》」と呼《よ》ばれます。

図《ず》2は金銀《きんぎん》二枚《まい》の銀冠《ぎんかんむり》です。角交換振《かくこうかんふ》り飛車《びしゃ》で、相手《あいて》から角《かく》で攻《せ》められることを警戒《けいかい》して左側《ひだりがわ》に金《きん》を配置《はいち》した場合《ばあい》などに用《もち》いられます。

図《ず》3の「穴熊囲《あなぐまがこ》い」も振《ふ》り飛車側《びしゃがわ》が用《もち》いる囲《かこ》いです。穴熊《あなぐま》は、すぐに王手《おうて》がかからず、戦場《せんじょう》から玉《ぎょく》が遠《とお》くて、とても堅《かた》い囲《かこ》いですが、組《く》み上《あ》がるまでには手《て》数《すう》がかかります。図《ず》4の「穴熊囲《あなぐまがこ》い」は、4七の金《きん》が相手《あいて》からの押《お》さえ込《こ》みを防《ふせ》いだり、場合《ばあい》により攻撃《こうげき》にも参加《さんか》します。

図《ず》1　木村美濃《きむらみの》

6	5	4	3	2	1	
						五
	歩	歩	歩		歩	六
		銀		歩		七
			金	玉		八
				桂	香	九

図《ず》2　銀冠《ぎんかんむり》

6	5	4	3	2	1	
						五
				歩	歩	六
		歩	歩	銀		七
			金	玉		八
				桂	香	九

図《ず》3　穴熊囲《あなぐまがこ》い

6	5	4	3	2	1	
						五
						六
		歩	歩	歩	歩	七
			金	銀	香	八
			金	桂	玉	九

図《ず》4　穴熊囲《あなぐまがこ》い

6	5	4	3	2	1	
						五
		歩	歩			六
		金		歩	歩	七
				銀	香	八
			金	桂	玉	九

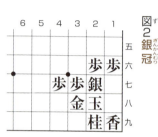

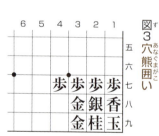

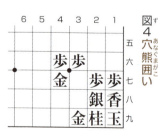

対抗形《たいこうけい》(居飛車側《いびしゃがわ》)の囲《かこ》い　舟囲《ふながこ》い

次《つぎ》に対抗形《たいこうけい》の居飛車側《いびしゃがわ》の囲《かこ》いを見《み》ていきましょう。

図《ず》1が「舟囲《ふながこ》い」の基本形《きほんけい》です。囲《かこ》いの形《かたち》が舟《ふね》に似《に》ていることが、名前《なまえ》の由来《ゆらい》です。図《ず》1からは、左美濃《ひだりみの》や居飛車穴熊《いびしゃあなぐま》などに発展《はってん》させることもできます。

（図《ず》1からの指《さ》し手《て》）（先手《せんて》のみ）

▲6八銀《ぎん》（図《ず》2）～▲5七銀《ぎん》（図《ず》3）～
▲6八金上《きんあがる》（図《ず》4）

居飛車側《いびしゃがわ》が急戦《きゅうせん》を狙《ねら》う場合《ばあい》には、図《ず》1から角《かく》の筋《すじ》を通《とお》したまま、図《ず》2、図《ず》3のように銀《ぎん》を繰《く》り出《だ》していきます。図《ず》2～図《ず》4も舟囲《ふながこ》いの仲間《なかま》です。

図《ず》1 舟囲《ふながこ》い

9	8	7	6	5	4	
						五
歩		歩		歩		六
	歩		歩			七
	角	玉		金		八
香	桂	銀	金			九

図《ず》2 舟囲《ふながこ》い

9	8	7	6	5	4	
						五
歩		歩		歩		六
	歩		歩			七
	角	玉	銀	金		八
香	桂		金			九

図《ず》3 舟囲《ふながこ》い

9	8	7	6	5	4	
						五
歩		歩		歩		六
	歩		歩	銀		七
	角	玉		金		八
香	桂		金			九

図《ず》4 舟囲《ふながこ》い

9	8	7	6	5	4	
						五
歩		歩		歩		六
	歩		歩	銀		七
	角	玉	金	金		八
香	桂					九

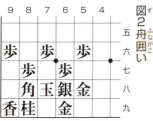

対抗形《たいこうけい》(居飛車側《いびしゃがわ》)の囲《かこ》い

左美濃《ひだりみの》

対抗形《たいこうけい》の居飛車側《いびしゃがわ》が持久戦《じきゅうせん》を目指《めざ》す場《ば》合《あい》の囲《かこ》いを見《み》ていきましょう。

図《ず》1は「左美濃《ひだりみの》」です。振《ふ》り飛車側《びしゃがわ》の美濃囲《みのがこ》いを左《ひだり》に移《うつ》した形《かたち》になります。図《ず》1から銀冠《ぎんかんむり》へと発展《はってん》させることもできます。

図《ず》2の玉《ぎょく》が8七にいる左美濃《ひだりみの》を「天守《てんしゅ》閣美濃《かくみの》」と呼《よ》びます。横《よこ》からの攻《せ》めには強《つよ》いのですが、縦《たて》からの攻《せ》めに弱《よわ》いという弱点《じゃくてん》もあります。

図《ず》3は天守閣美濃《てんしゅかくみの》を発展《はってん》させた「四枚《まい》美濃《みの》」で、縦《たて》からの攻《せ》めにも強《つよ》くなっています。

図《ず》4の「端玉銀冠《はしぎょくぎんかん》」も天守閣美濃《てんしゅかくみの》が発《はっ》展《てん》した囲《かこ》いです。

図《ず》1 左美濃《ひだりみの》

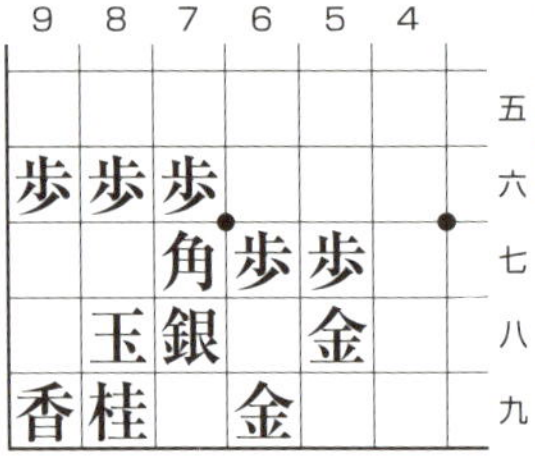

図《ず》2 天守閣美濃《てんしゅかくみの》

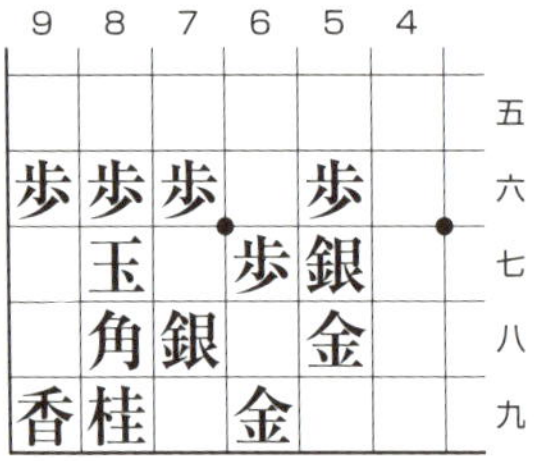

図《ず》3 四枚美濃《よんまいみの》

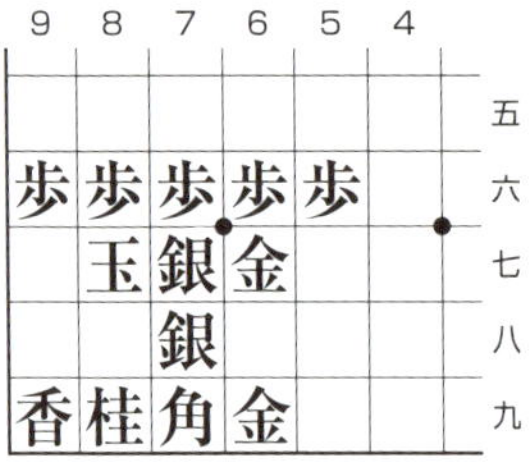

図《ず》4 端玉銀冠《はしぎょくぎんかん》

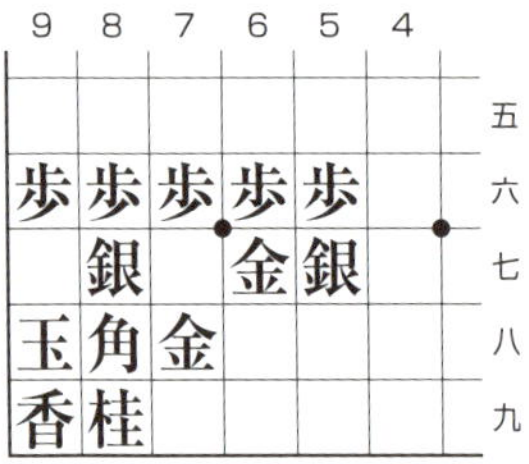

対抗形《たいこうけい》（居飛車側《いびしゃがわ》）の囲《かこ》い

居飛車穴熊《いびしゃあなぐま》

対抗形《たいこうけい》で居飛車側《いびしゃがわ》が穴熊《あなぐま》に囲《かこ》うのも有《ゆう》力《りょく》な作戦《さくせん》です。

図《ず》1が「居飛車穴熊《いびしゃあなぐま》」です。穴熊《あなぐま》は堅《かた》い囲《かこ》いですが、囲《かこ》うまでに手数《てすう》がかかるため、穴熊《あなぐま》が完成《かんせい》する前《まえ》に戦《たたか》いを起《お》こされない注意《ちゅうい》が必要《ひつよう》です。

居飛車穴熊《いびしゃあなぐま》には図《ず》2のような形《かたち》もあります。図《ず》2の7九の金《きん》は7八の場合《ばあい》もあり、そこから5七の銀《ぎん》を6八～7九と引《ひ》いて、さらに固《かた》めた図《ず》3は「松尾穴熊《まつおあなぐま》」と呼《よ》ばれます。図《ず》4は、銀冠《ぎんかんむり》と穴熊《あなぐま》を組《く》み合《あ》わせた「銀冠穴熊《ぎんかんあなぐま》」で、とても堅《かた》い囲《かこ》いです。

図《ず》1 居飛車穴熊《いびしゃあなぐま》

9	8	7	6	5	4	
						五
		歩	銀	歩		六
歩	歩		歩			七
香	銀	金	角			八
玉	桂	金				九

図《ず》2 居飛車穴熊《いびしゃあなぐま》

9	8	7	6	5	4	
						五
		歩	歩	歩		六
歩	歩	角	金	銀		七
香	銀					八
玉	桂	金				九

図《ず》3 松尾穴熊《まつおあなぐま》

9	8	7	6	5	4	
						五
		歩	歩	歩		六
歩	歩	角	金			七
香	銀	金				八
玉	桂	銀				九

図《ず》4 銀冠穴熊《ぎんかんあなぐま》

9	8	7	6	5	4	
						五
歩	歩	歩	歩	歩		六
	銀	角	金			七
香	銀	金				八
玉	桂					九

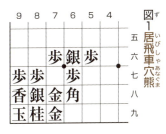

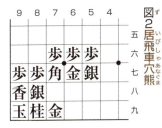

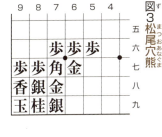

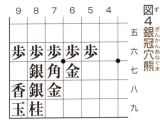

相振《あいふ》り飛車《びしゃ》の囲《かこ》い 金無双《きんむそう》・矢倉《やぐら》

つづいて相振《あいふ》り飛車《びしゃ》で用《もち》いられる囲《かこ》いを見《み》ていきましょう。

図《ず》1から▲4八金上《きんあがる》～▲2八銀《ぎん》とした図《ず》2の囲《かこ》いを「金無双《きんむそう》」または「二枚金《にまいきん》」と呼《よ》びます。相振《あいふ》り飛車《びしゃ》では玉《ぎょく》が相手《あいて》の飛《ひ》と向《む》かい合《あ》うため、縦《たて》からの攻《せ》めを狙《ねら》われます。そこで上部《じょうぶ》を強化《きょうか》したのが金無双《きんむそう》です。ただし、横《よこ》からの攻《せ》めには強《つよ》くないので、横《よこ》から攻《せ》められることの多《おお》い対抗形《たいこうけい》（対居飛車《たいいびしゃ》）には用《もち》いられません。

上部《じょうぶ》に強《つよ》いことから、図《ず》3の「矢倉《やぐら》」も相振《あいふ》り飛車《びしゃ》で用《もち》いられます。矢倉《やぐら》の仲《なか》間《ま》である図《ず》4の「平矢倉《ひらやぐら》」もあります。

図《ず》1

6	5	4	3	2	1	
						五
						六
	歩	歩	歩	歩	歩	七
	金		玉			八
		金	銀	桂	香	九

図《ず》2 金無双《きんむそう》（二枚金《にまいきん》）

6	5	4	3	2	1	
						五
						六
	歩	歩	歩	歩	歩	七
	金	金	玉	銀		八
				桂	香	九

図《ず》3 矢倉《やぐら》

6	5	4	3	2	1	
						五
	歩	歩	歩			六
		金	銀	歩	歩	七
			金	玉		八
				桂	香	九

図《ず》4 平矢倉《ひらやぐら》

6	5	4	3	2	1	
						五
			歩			六
	歩	歩	銀	歩	歩	七
		金	金	玉		八
				桂	香	九

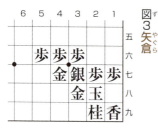

相振《あいふ》り飛車《びしゃ》の囲《かこ》い　美濃《みの》・穴熊《あなぐま》

「美濃囲《みのがこ》い」は相振《あいふ》り飛車《びしゃ》でも用《もち》いられます。上部《じょうぶ》や端《はし》からの攻《せ》めがあるため、図《ず》1のように3九に玉《ぎょく》を低《ひく》く囲《かこ》うことも多《おお》いです。

図《ず》2の「金美濃《きんみの》」はあまり手数《てすう》がかからない簡素《かんそ》な囲《かこ》いです。速攻《そっこう》を狙《ねら》う場合《ばあい》などに用《もち》いられます。

図《ず》1　美濃囲《みのがこ》い

	6	5	4	3	2	1
五						
六						
七		歩	歩	歩	歩	歩
八		金		銀		
九			金	玉	桂	香

図《ず》2　金美濃《きんみの》

	6	5	4	3	2	1
五						
六						
七		歩	歩	歩	歩	歩
八			銀	金		
九				玉	桂	香

穴熊《あなぐま》を相振《あいふ》り飛車《びしゃ》で用《もち》いる場合《ばあい》は、上《うえ》からの攻《せ》めに備《そな》えるため、図《ず》3のように金《きん》を3八、4八に並《なら》べるのがふつうです。

先手《せんて》の中飛車《なかびしゃ》に相振《あいふ》り飛車《びしゃ》で対抗《たいこう》された場合《ばあい》に、玉《ぎょく》を左《ひだり》に囲《かこ》う場合《ばあい》があります。

図《ず》4が中飛車《なかびしゃ》「左穴熊《ひだりあなぐま》」の例《れい》です。

図《ず》3　穴熊《あなぐま》

	6	5	4	3	2	1
五						
六						
七		歩	歩	歩	歩	歩
八			金	金	銀	香
九					桂	玉

図《ず》4　左穴熊《ひだりあなぐま》

	9	8	7	6	5	4
五					歩	
六			歩	銀	飛	
七	歩	歩		歩		
八	香	銀	金	角		
九	玉	桂	金			

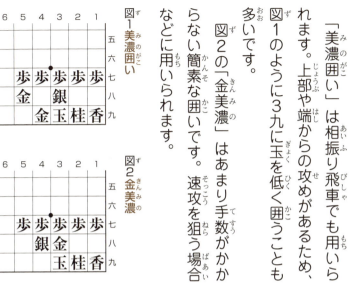

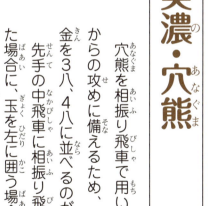

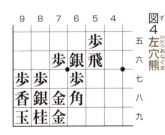

こらむ

「持将棋《じしょうぎ》」

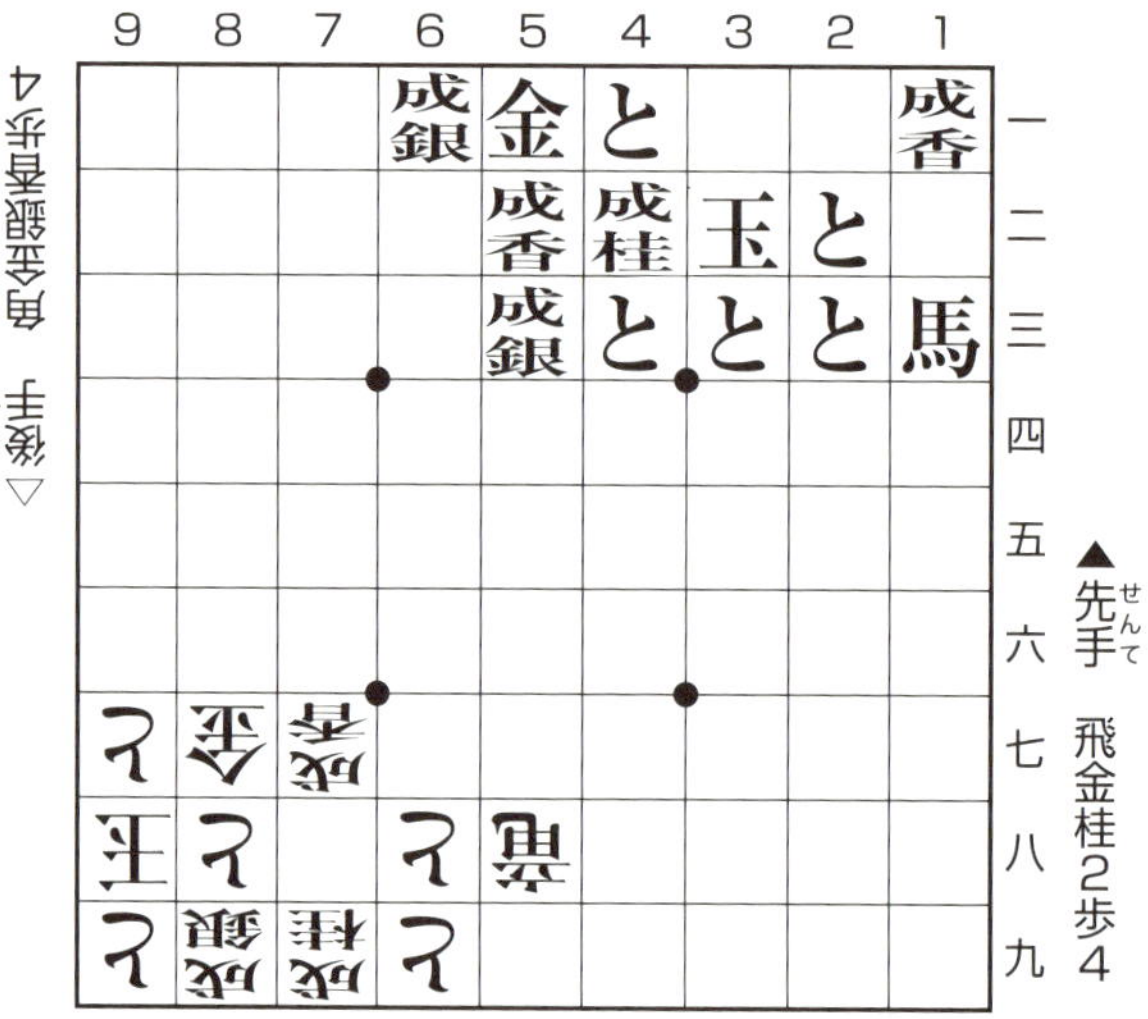

ごくまれに、お互《たが》いの玉《ぎょく》が相手陣《あいてじん》に入《はい》り捕《つか》まらなくなることがあります。このようなときには点数《てんすう》で勝敗《しょうはい》を決《き》めることになっています。飛《ひ》と角《かく》を5点《てん》、その他《た》を1点《てん》として計算《けいさん》します。このとき、盤上《ばんじょう》にある駒《こま》だけでなく持《も》ち駒《ごま》も数《かぞ》えますが、玉《ぎょく》は数《かぞ》えません。

お互《たが》いに24点以上《てんいじょう》あるときには、「持《じ》将棋《しょうぎ》」と言《い》って、引《ひ》き分《わ》け（指《さ》し直《なお》し）になります。上《うえ》の図《ず》では先手《せんて》28点《てん》、後手《ごて》26点《てん》で引《ひ》き分《わ》けです。24点《てん》に足《た》りない場合《ばあい》は、負《ま》けになります。

中盤《ちゅうばん》の考《かんが》え方《かた》

手《て》筋《すじ》

形勢判断《けいせいはんだん》

中盤戦《ちゅうばんせん》では、いよいよ本格的《ほんかくてき》な戦《たたか》いが始《はじ》まります。戦《たたか》いが、有利《ゆうり》なのか、不利《ふり》なのかを判断《はんだん》することを形勢判断《けいせいはんだん》と言《い》います。形勢判断《けいせいはんだん》では、①駒《こま》の損得《そんとく》、②駒《こま》の働《はたら》き、③玉《ぎょく》の堅《かた》さ、④手番《てばん》が大事《だいじ》になります。

①駒《こま》の損得《そんとく》

タダ取《と》りなどで駒《こま》を得《とく》すると、相手《あいて》より戦力《せんりょく》が多《おお》くなり、有利《ゆうり》です。

②駒《こま》の働《はたら》き

守《まも》りにも、攻《せ》めにも働《はたら》かない駒《こま》（遊《あそ》び駒《ごま》）があると、不利《ふり》です。

③玉《ぎょく》の堅《かた》さ

玉《ぎょく》の守《まも》りが堅《かた》い方《ほう》が有利《ゆうり》です。序盤戦《じょばんせん》でしっかり玉《ぎょく》を囲《かこ》っておくことが大事《だいじ》です。

④手番《てばん》

ある局面《きょくめん》でどちらの番《ばん》（「手番《てばん》」と言《い》います）なのかで形勢《けいせい》が変《か》わることがあります。手番《てばん》を握《にぎ》っている方《ほう》が、先《さき》に攻《せ》めたりすることができるので有利《ゆうり》です。

形勢《けいせい》が有利《ゆうり》になるように戦《たたか》いを進《すす》めるためには、「敵陣《てきじん》を突破《とっぱ》すること」と、「駒《こま》を得《とく》すること」を目指《めざ》すとよいでしょう。

数《かず》の攻《せ》め 1対《たい》1

敵陣《てきじん》を突破《とっぱ》するための基本《きほん》は、相手《あいて》の守《まも》りより多《おお》くの駒《こま》で攻《せ》めることです。これを「数《かず》の攻《せ》め」と言《い》います。図《ず》1は2三に利《き》いている駒《こま》が、先手《せんて》は飛《ひ》、後手《ごて》は金《きん》で、どちらも一枚《まい》です。この場《ば》合《あい》は数《かず》が同《おな》じなので破《やぶ》れません。▲2三飛成《ひなり》としても△同金《どうきん》（図《ず》2）で取《と》られてしまうからです。

図1

△後手 なし

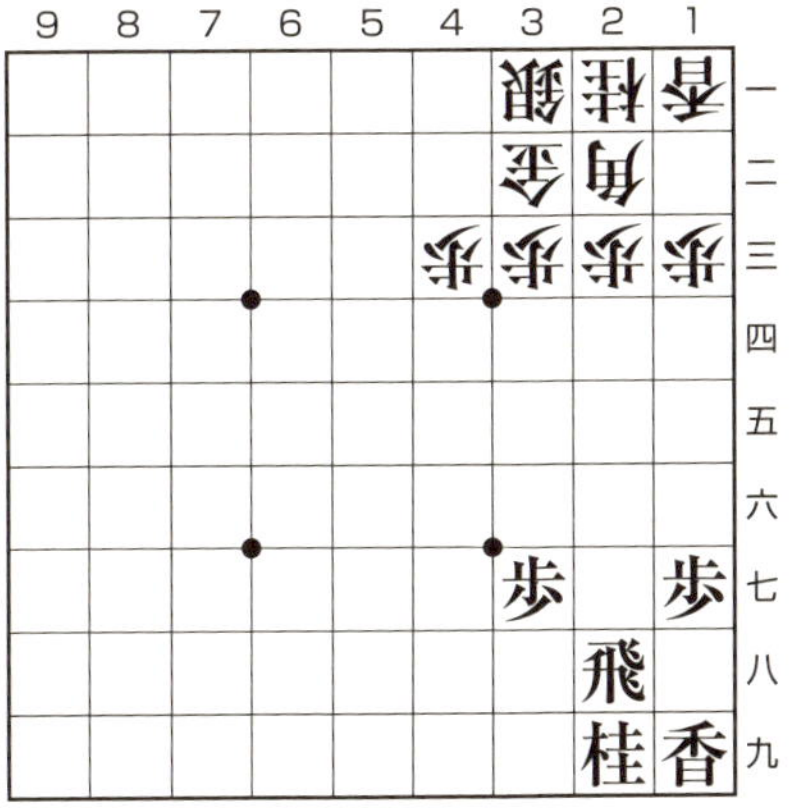

▲先手 歩

図2

△後手 飛

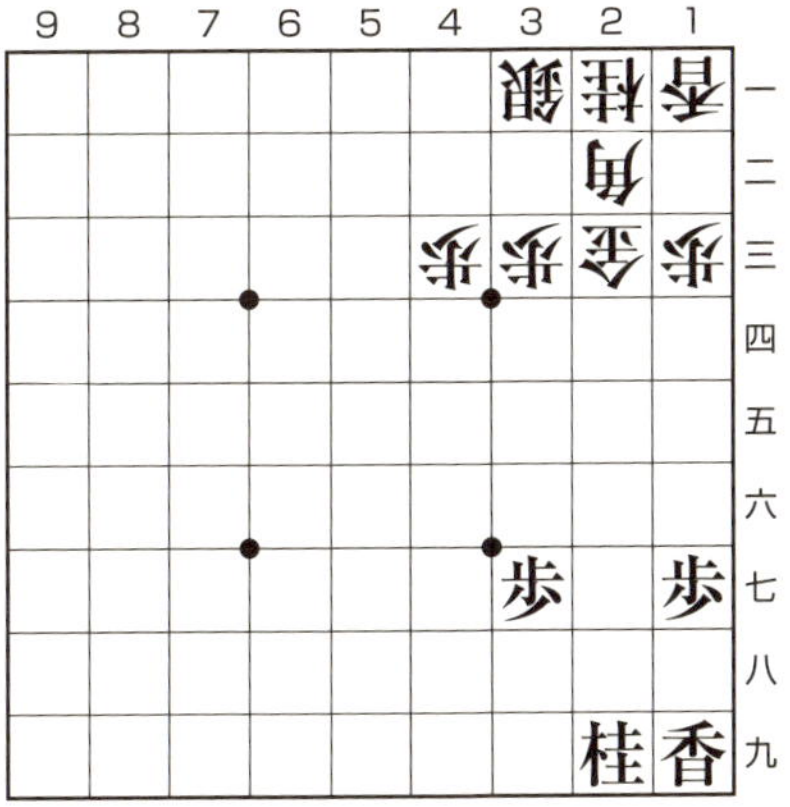

▲先手 歩2

2図は△2三同金まで

数《かず》の攻《せ》め　2対《たい》1

図《ず》1は先手《せんて》の銀《ぎん》が2四に進《すす》んだのに対《たい》して、後手《ごて》が△2三歩打《ふうち》としたところです。今度《こんど》は2三の地点《ちてん》の利《き》きが、先手《せんて》は飛《ひ》と銀《ぎん》の二枚《まい》、後手《ごて》は金《きん》の一枚《まい》です。

先手《せんて》の方《ほう》が数《かず》が多《おお》いので、破《やぶ》ることができます。図《ず》1から▲2三同銀成《どうぎんなり》△同金《どうきん》▲同飛成《どうひなり》(図《ず》2)で、竜《りゅう》を作《つく》って大成功《だいせいこう》です。これが「数《かず》の攻《せ》め」です。

図1

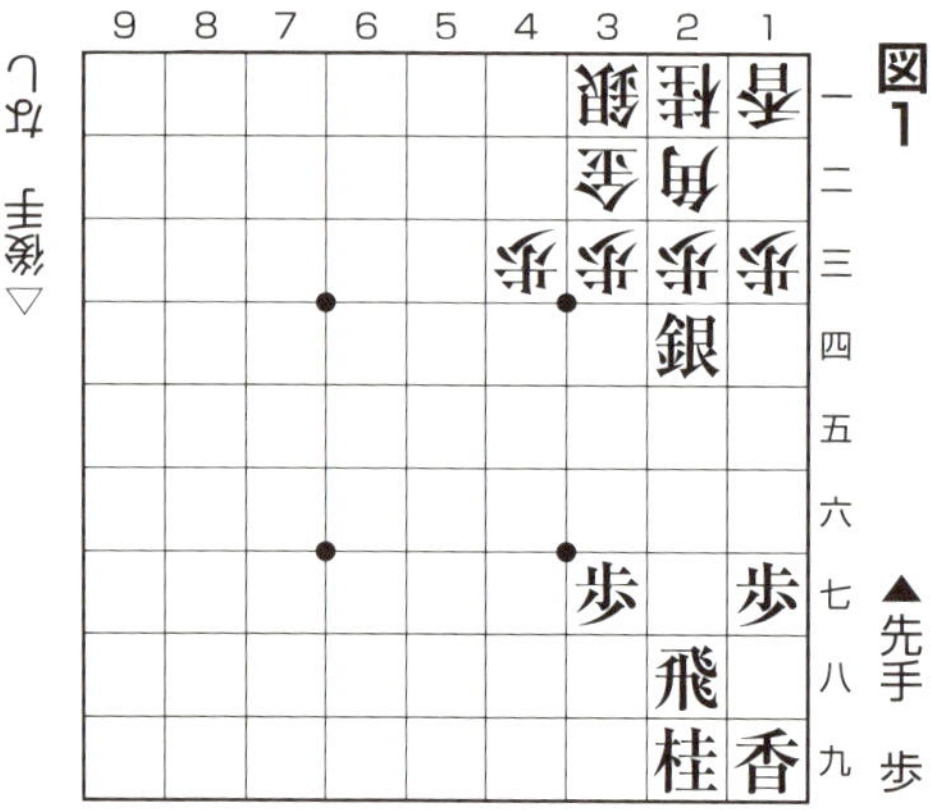

図2

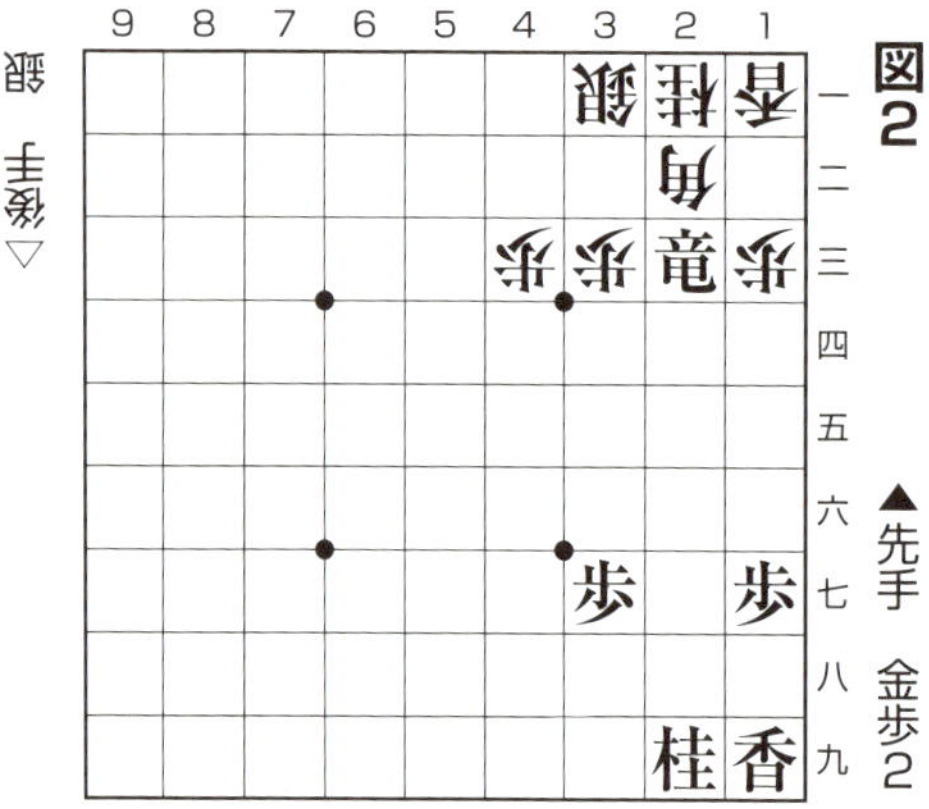

2図は▲2三同飛成まで

数《かず》の攻《せ》め　2対《たい》2

図《ず》1で2三の地点《ちてん》に利《き》いている駒《こま》の数《かず》を数《かぞ》えてみましょう。先手《せんて》は飛《ひ》と銀《ぎん》の二枚《まい》、後手《ごて》は金《きん》と銀《ぎん》の二枚《まい》です。利《き》いている駒《こま》の数《かず》が同《おな》じなので、この場合《ばあい》は「数《かず》の攻《せ》め」は成立《せいりつ》しません。

無理《むり》やり攻《せ》めると、▲2三銀成《ぎんなり》△同銀《どうぎん》▲同飛成《どうひなり》△同金《どうきん》(図《ず》2)で、飛《ひ》が取《と》られてしまい、失敗《しっぱい》です。

図1

△後手　なし

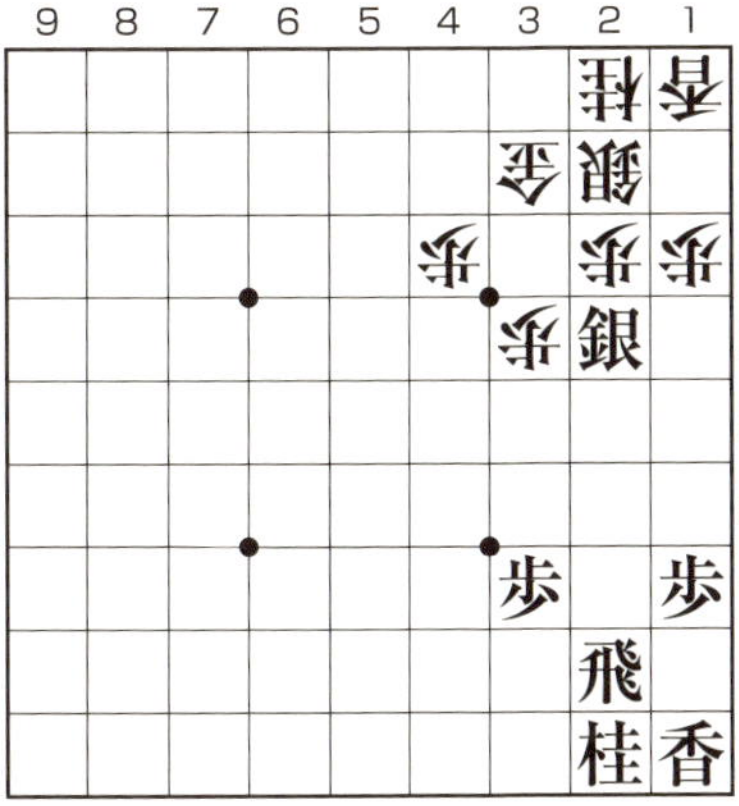

▲先手　歩

図2

△後手　飛銀

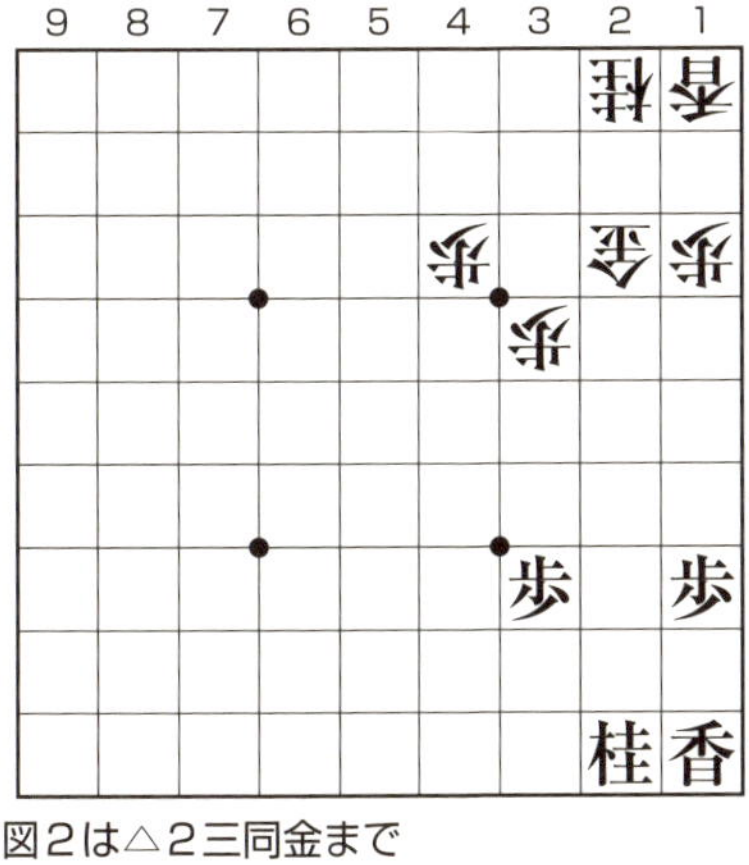

▲先手　銀歩2

図2は△2三同金まで

数《かず》の攻《せ》め　3対《たい》2

図《ず》1で2三の地点《ちてん》に利《き》いている駒《こま》の数《かず》は、先手《せんて》は飛《ひ》、角《かく》、銀《ぎん》の三枚《まい》、後手《ごて》は金《きん》と銀《ぎん》の二枚《まい》です。5六の角《かく》も利《き》いているので、先手《せんて》の方《ほう》が、数《かず》が多《おお》いです。よって、図《ず》1では「数《かず》の攻《せ》め」が成立《せいりつ》します。

図《ず》2のように進《すす》めると、「角《かく》・銀《ぎん》」と「金《きん》・銀《ぎん》・歩《ふ》」の交換《こうかん》になるのですこし駒《こま》損《ぞん》になりますが、相手陣《あいてじん》を破《やぶ》って竜《りゅう》を作《つく》ったので成功《せいこう》です。

図1

▲先手　歩

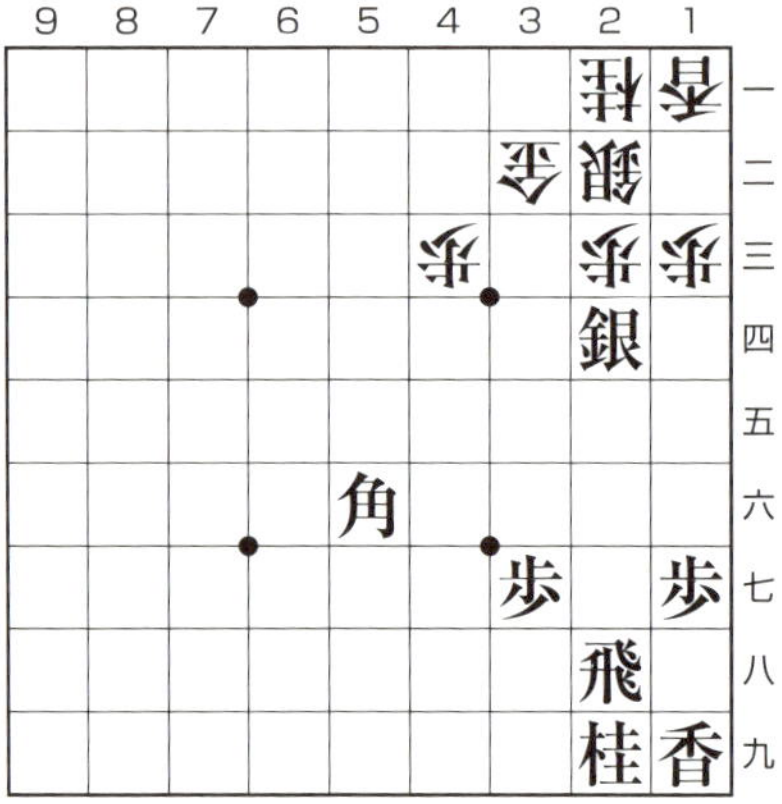

△後手　なし

図2

▲先手　金銀歩2

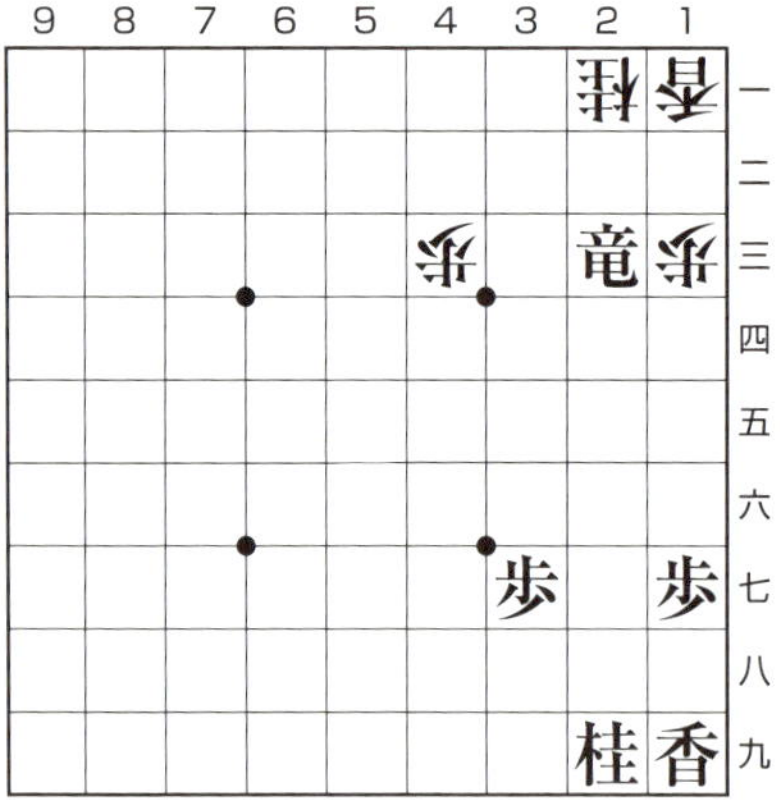

△後手　角銀

図2は▲2三同飛成まで

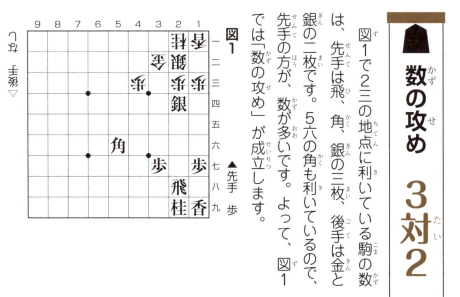

数《かず》の攻《せ》め　棒《ぼう》銀《ぎん》戦《せん》法《ぽう》（１）

「数《かず》の攻《せ》め」の考《かんが》え方《かた》が実戦《じっせん》でどう活《い》きるのか、「棒銀戦法《ぼうぎんせんぽう》」を例《れい》にして紹介《しょうかい》します。棒銀《ぼうぎん》は、銀《ぎん》を棒《ぼう》のようにまっすぐ進《すす》めることから名前《なまえ》が付《つ》いた戦法《せんぽう》です。銀《ぎん》を使《つか》って敵陣《てきじん》を突破《とっぱ》し、飛《ひ》を成《な》り込《こ》むことが目標《もくひょう》になります。それでは、初手《しょて》から棒銀《ぼうぎん》の流《なが》れを見《み》ていきましょう。

初手《しょて》より（はじめからの指《さ》し手《て》）
▲２六歩《ふ》　△８四歩《ふ》　▲２五歩《ふ》　△８五歩《ふ》
▲７八金《きん》　△３二金《きん》（図《ず》１）　▲２四歩《ふ》
△同《どう》　歩《ふ》　▲同《どう》　飛《ひ》（図《ず》２）　△２三歩《ふ》
▲２八飛《ひ》　（図《ず》３）　△６二銀《ぎん》（図《ず》４）

まずは飛車先《ひしゃさき》の歩《ふ》を交換《こうかん》して、図《ず》４からいよいよ銀《ぎん》を繰《く》り出《だ》していきます。

図１

図１は△３二金まで

図２

図２は▲２四同飛まで

図３

図３は▲２八飛まで

図４

図４は△６二銀まで

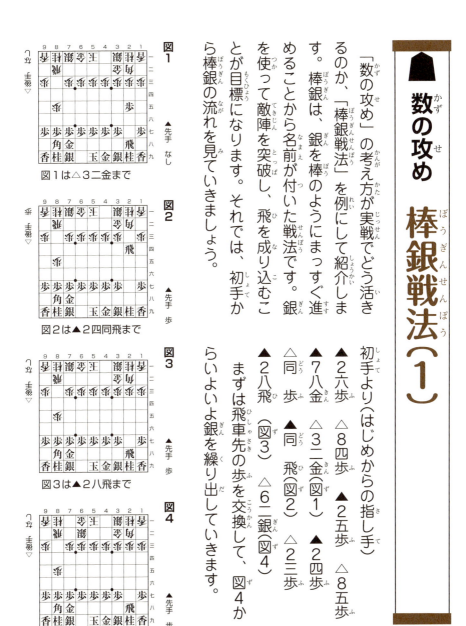

数《かず》の攻《せ》め　棒《ぼう》銀《ぎん》戦《せん》法《ぽう》（2）

銀《ぎん》が２五までたどり着《つ》いたら、攻《せ》める準《じゅん》備《び》は完了《かんりょう》です。飛《ひ》を成《な》り込《こ》むことを目標《もくひょう》に、「数《かず》の攻《せ》め」に取《と》りかかります。いま、２三の地点《ちてん》に利《き》いている後手《ごて》の駒《こま》は３二の金《きん》が一枚《まい》だけです。飛《ひ》と銀《ぎん》の二枚《まい》を２三の地点《ちてん》に集中《しゅうちゅう》させれば、飛車先《ひしゃさき》を突破《とっぱ》することができます。

（図《ず》４以下《いか》の指《さ》し手《て》）

▲３八銀《ぎん》　△５二金《きん》　▲２七銀《ぎん》（図《ず》５）

△４一玉《ぎょく》　▲２六銀《ぎん》（図《ず》６）　△５四歩《ふ》

▲２五銀《ぎん》　△５三銀《ぎん》（図《ず》７）

棒銀戦法《ぼうぎんせんぽう》は、銀《ぎん》をグイグイ前《まえ》に進《すす》めていきます。３八〜２七〜２六〜２五と、どんどん行《い》きます。

図4

図４は△６二銀まで

図5

図５は▲２七銀まで

図6

図６は▲２六銀まで

図7

図７は△５三銀まで

数《かず》の攻《せ》め　棒《ぼう》銀《ぎん》戦《せん》法《ぽう》(3)

(図《ず》7以下の指《さ》し手《て》)
▲2四歩《ふ》　△同《どう》　歩《ふ》　▲同《どう》　銀《ぎん》(図《ず》8)
△2三歩《ふ》(図《ず》9)　▲同銀成《どうぎんなり》　△同《どう》　金《きん》
▲同飛成《どうひなり》(図《ず》10)

▲2四歩《ふ》と打《う》つのが「合《あ》わせの歩《ふ》」です。これで、銀《ぎん》を2四までさらに前《まえ》に進《すす》めることができます。

図《ず》8で2三の地点《ちてん》に利《き》いている先手《せんて》の駒《こま》が飛《ひ》と銀《ぎん》の二枚《まい》になりました。先手《せんて》の方《ほう》が数《かず》で勝《まさ》るので、△2三歩《ふ》(図《ず》9)と打《う》たれても、▲同銀成《どうぎんなり》と取《と》っていけます。図《ず》10まで「数《かず》の攻《せ》め」で飛《ひ》を成《な》り込《こ》むことができました。

単純《たんじゅん》だけど破壊力《はかいりょく》バツグンの数《かず》の攻《せ》めを、ぜひ実戦《じっせん》でも使《つか》ってみてください。

図7

図7は△5三銀まで

図8

図8は▲2四同銀まで

図9

図9は△2三歩まで

図10

図10は▲2三同飛成まで

駒得《こまどく》を狙《ねら》おう　タダ取《ど》り

駒《こま》を取《と》ったり得《とく》な交換《こうかん》をすることを「駒《こま》得《どく》」、逆《ぎゃく》に取《と》られたり損《そん》してしまうことを「駒損《こまぞん》」と言《い》います。駒得《こまどく》すればするほど、戦《たたか》いを有利《ゆうり》に進《すす》めることができます。

図《ず》1は飛《ひ》の利《き》きに銀《ぎん》がいます。銀《ぎん》に後手《ごて》の駒《こま》の守《まも》りがないので、▲2二飛成《ひなり》(図《ず》2)で銀《ぎん》をタダで取《と》ることができます。銀《ぎん》のタダ取《ど》りは、相手《あいて》の戦力《せんりょく》から銀《ぎん》がなくなるだけでなく、自分《じぶん》の戦力《せんりょく》に銀《ぎん》が加《くわ》わるので、お互《たが》いの戦力差《せんりょくさ》は銀《ぎん》二枚分《まいぶん》になります。実戦《じっせん》でタダ取《ど》りのチャンスを逃《のが》さないようにしましょう。

図《ず》3は銀《ぎん》に金《きん》の守《まも》りがあります。今度《こんど》は▲2二飛成《ひなり》と銀《ぎん》を取《と》っても、△同金《どうきん》と飛《ひ》を取《と》り返《かえ》されます。銀《ぎん》より飛《ひ》の方《ほう》が価値《かち》が高《たか》いので、図《ず》4は駒損《こまぞん》となってしまいます。

図1

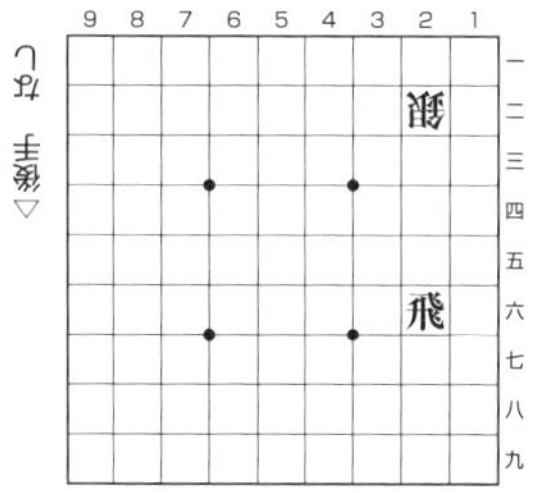

▲先手　なし

図2

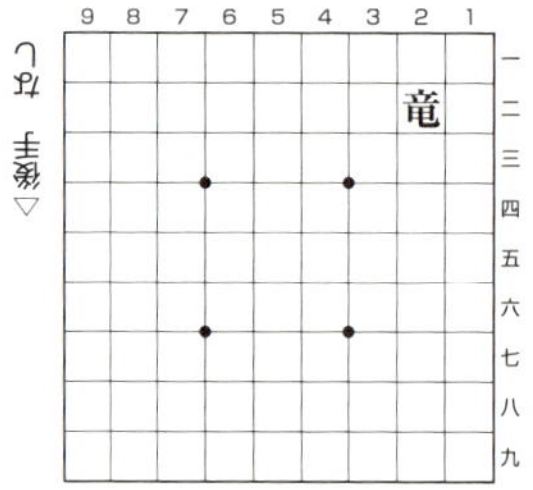

▲先手　銀

図2は▲2二飛成まで

図3

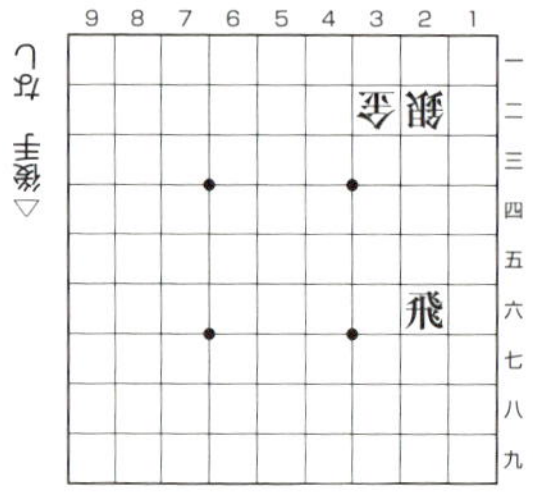

▲先手　なし

図4

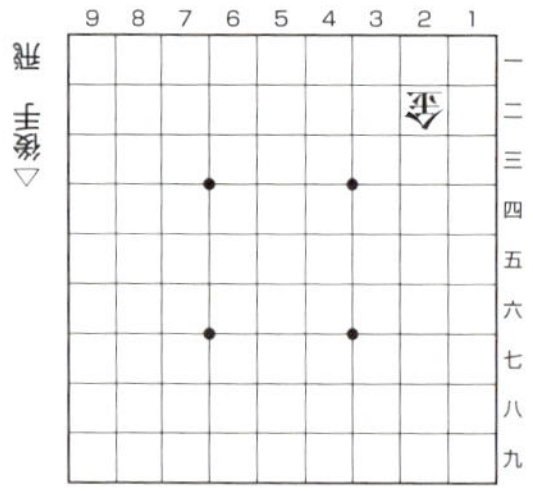

▲先手　銀

図4は△2二同金まで

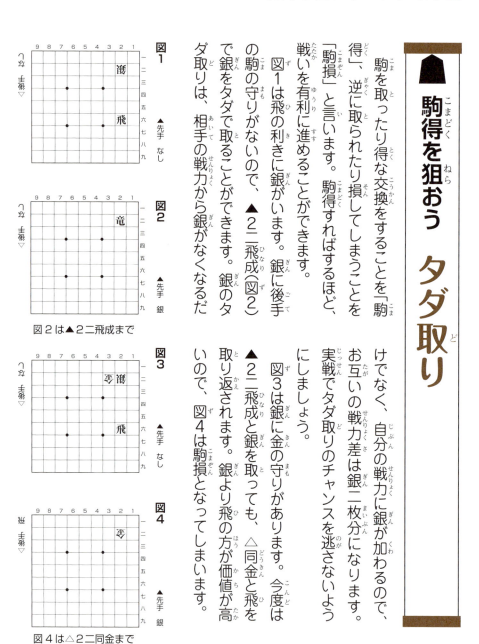

駒得《こまどく》を狙《ねら》おう

価値《かち》の高《たか》い駒《こま》との交換《こうかん》

図《ず》1は銀《ぎん》に金《きん》の連絡《れんらく》がありますが、今度《こんど》は▲2二香成《きょうなり》と取《と》ります。△同金《どうきん》と取《と》り返《かえ》されても、相手《あいて》にわたすのは香《きょう》です。銀《ぎん》の方《ほう》が香《きょう》よりも価値《かち》が高《たか》いので、図《ず》2は銀香交換《ぎんきょうこうかん》の駒得《こまどく》となります。このように、より価値《かち》の高《たか》い駒《こま》との交換《こうかん》で駒得《こまどく》することを覚《おぼ》えましょう。

図《ず》3から▲2二角成《かくなり》△同金《どうきん》▲同飛成《どうひなり》(図《ず》4)と進《すす》めます。この場合《ばあい》の損得《そんとく》はどうなっているでしょうか。先手《せんて》は角《かく》をわたす代《か》わりに、金《きん》と銀《ぎん》を手《て》に入《い》れました。大駒《おおごま》(飛《ひ》・角《かく》)一枚《まい》よりは、金銀《きんぎん》二枚《まい》の方《ほう》が価値《かち》が高《たか》いとされます。(P16を見《み》て下《くだ》さい)よって、図《ず》4は二枚換《まいが》えの駒得《こまどく》です。

図1

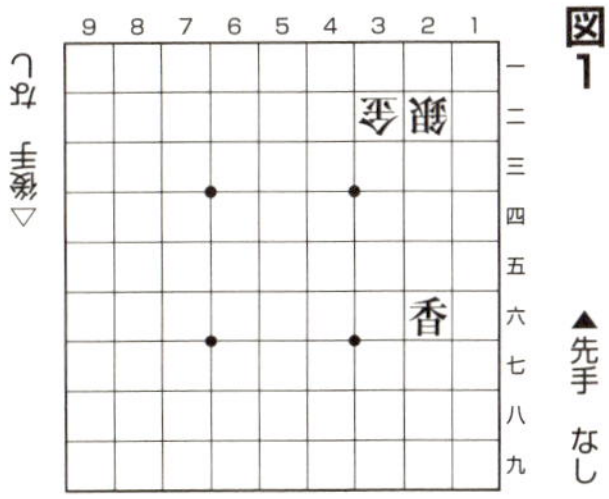

図2

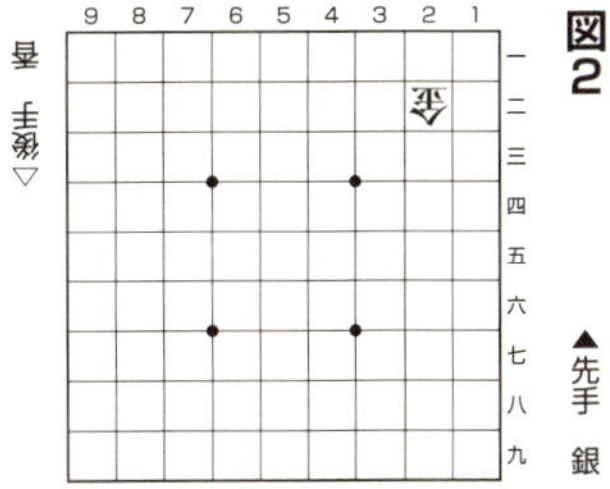

図2は△2二同金まで

図3

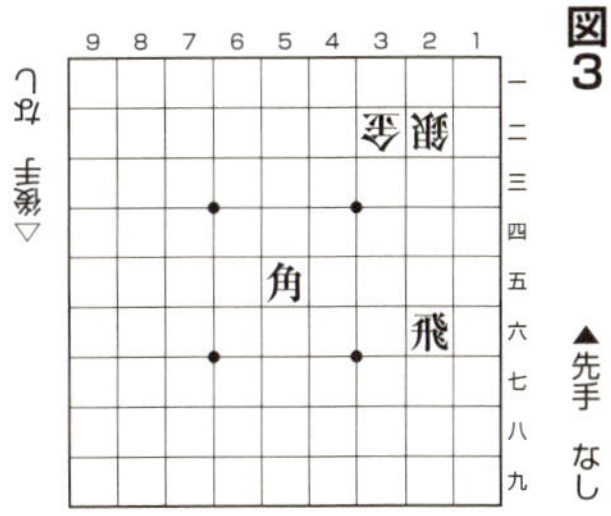

図4

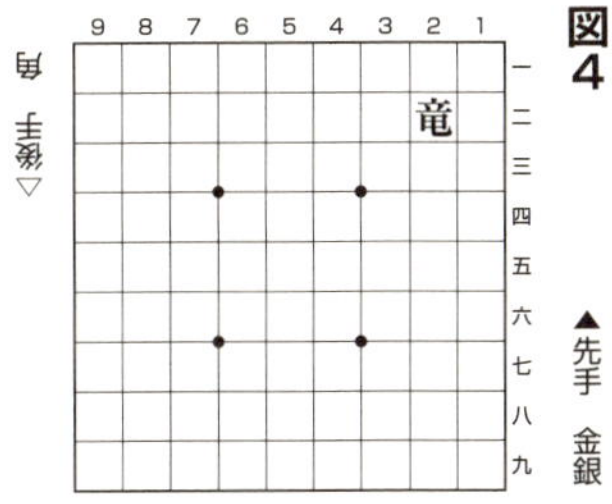

図4は▲2二同飛成まで

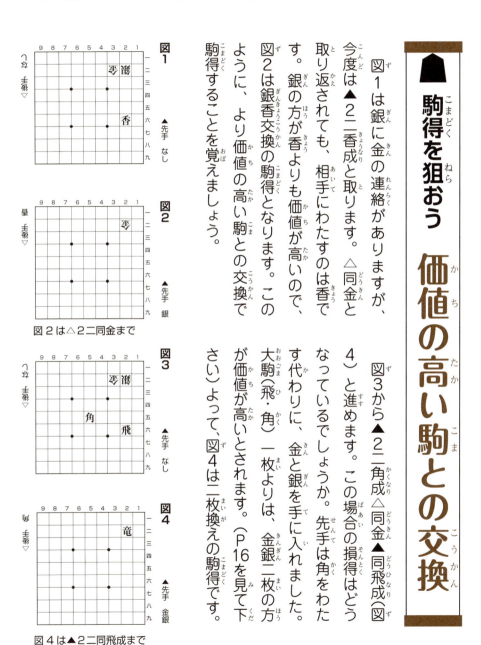

駒得《こまどく》を狙《ねら》おう

両取《りょうど》り　駒《こま》を捕《つか》まえる①

駒《こま》のタダ取《ど》りを狙《ねら》っても、その駒《こま》に逃《に》げられたりして、簡単《かんたん》には駒得《こまどく》できません。そこで駒得《こまどく》のテクニックを学《まな》んでいきましょう。

まずは両取《りょうど》りです。図《ず》1では▲7二銀《ぎん》（図《ず》2）が厳《きび》しい一手《いって》です。飛《ひ》と金《きん》の両取《りょうど》りで、飛車《ひしゃ》が逃《に》げれば金《きん》を、金《きん》が逃《に》げれば飛《ひ》を取《と》れるので、駒得《こまどく》することができます。次に駒《こま》を捕《つか》まえることを考《かんが》えましょう。図《ず》3では▲8二歩《ふ》（図《ず》4）と打《う》つ手《て》があります。8一の桂《けい》は逃《に》げることができないので、これで桂《けい》を取《と》ることができます。このように駒《こま》を捕《つか》まえることで、駒得《こまどく》することができます。

図1

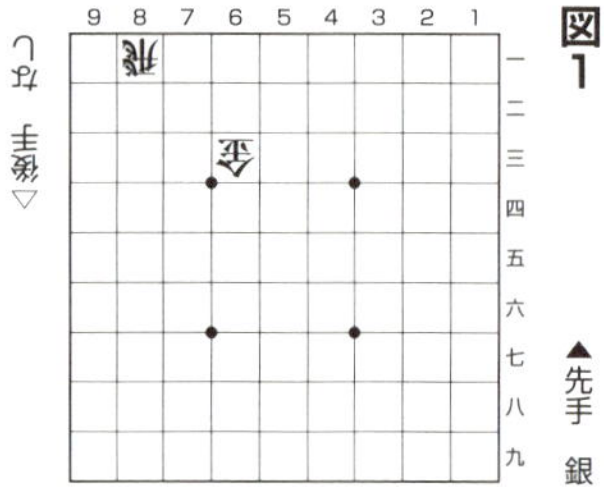

図2

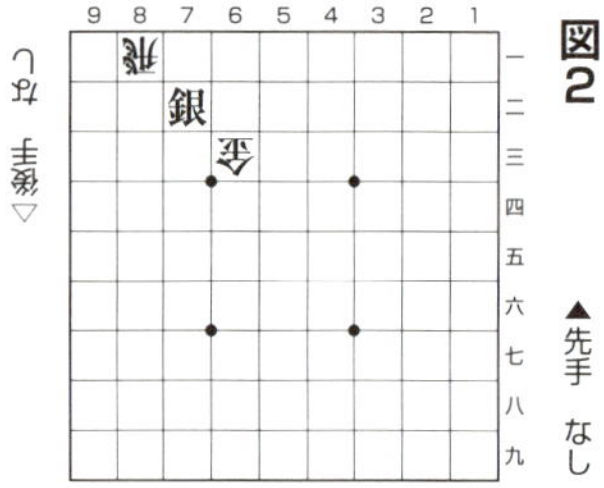

図2は▲7二銀まで

図3

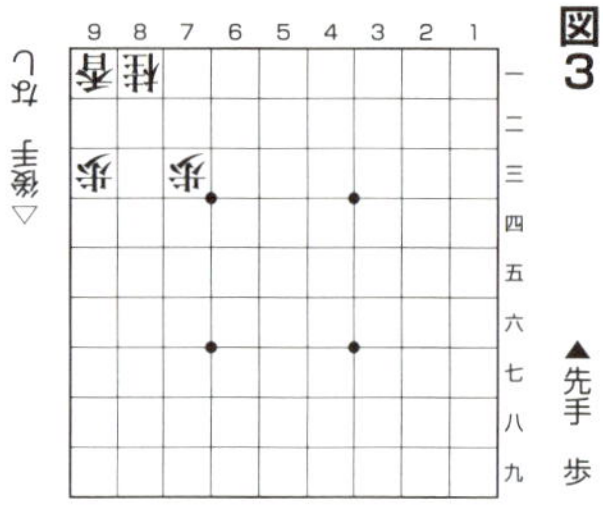

図4

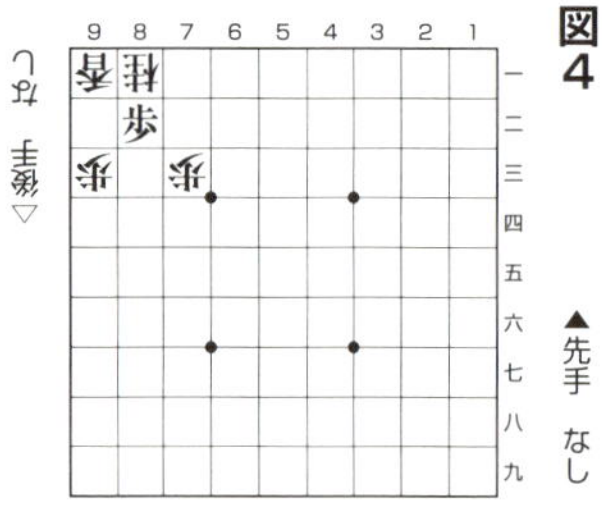

図4は▲8二歩まで

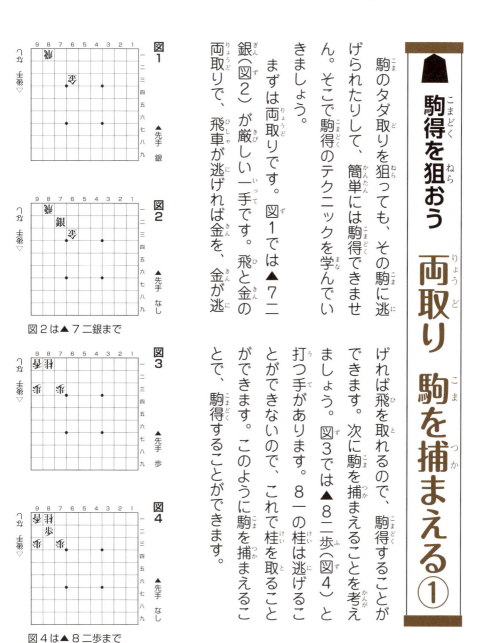

駒得《こまどく》を狙《ねら》おう
駒《こま》を捕《つか》まえる②

図《ず》1で▲9七歩《ふ》と打《う》つと△9二飛《ひ》など飛《ひ》に逃《に》げられてしまいます。ここでは▲9七香《きょう》(図《ず》2)と打《う》つ手《て》が正解《せいかい》です。これで飛《ひ》を引《ひ》かれても香《きょう》で取《と》ることができます。飛《ひ》を横《よこ》に逃《に》げることもできません。図《ず》2で飛《ひ》を捕《つか》まえることができ、駒得《こまどく》することができました。

図《ず》3で、角《かく》で飛《ひ》を取《と》ればやや駒得《こまどく》になりますが、もっとよい手《て》があります。ここは▲7四歩《ふ》が厳《きび》しい一手《いって》です。この歩《ふ》を取《と》ると、角《かく》の利《き》きに玉《ぎょく》が入《はい》ってしまうので後手《ごて》は飛《ひ》を動《うご》かすことができないのです。図《ず》4は次《つぎ》に歩《ふ》で飛《ひ》を取《と》ることができ、大《おお》きな駒得《こまどく》になります。

図1
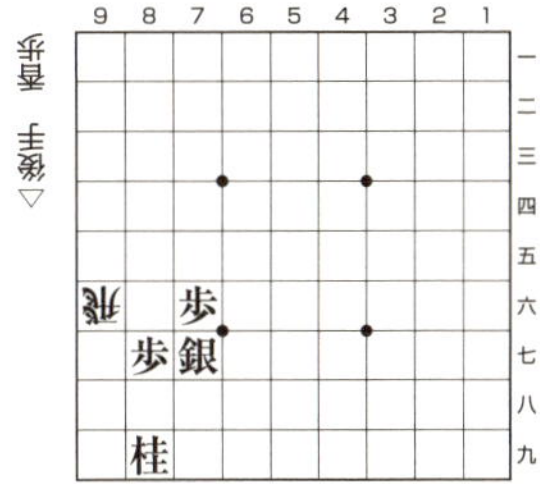

図2
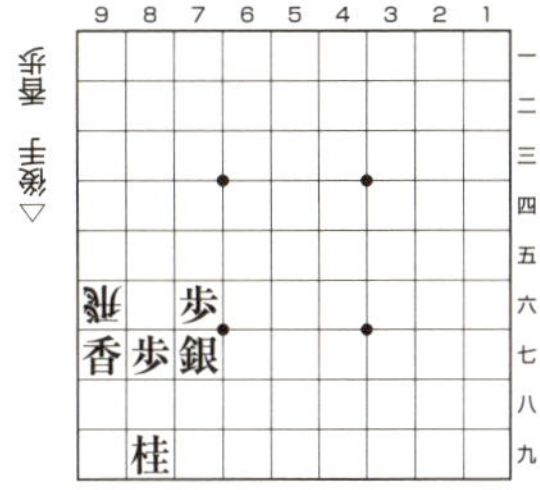

図2は▲9七香まで

図3
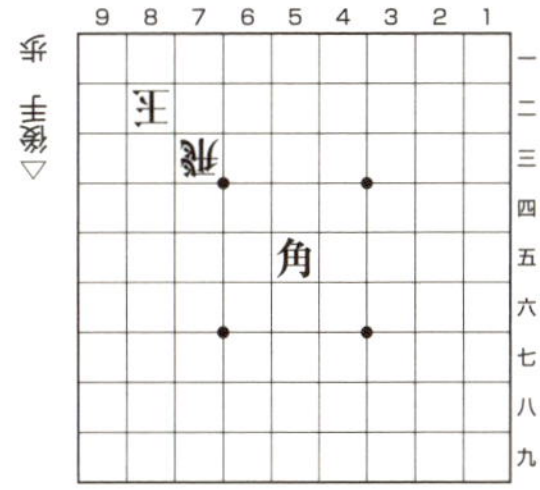

図4
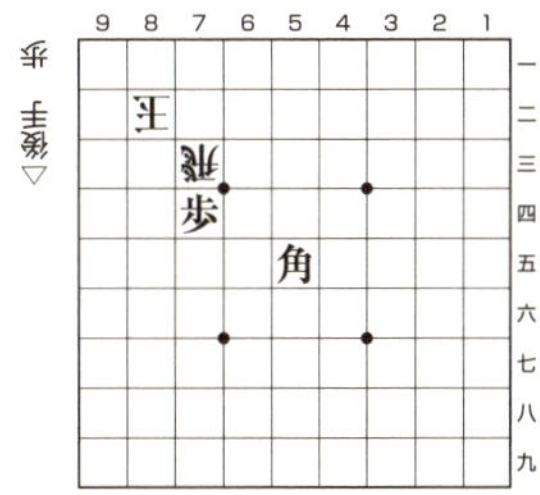

図4は▲7四歩まで

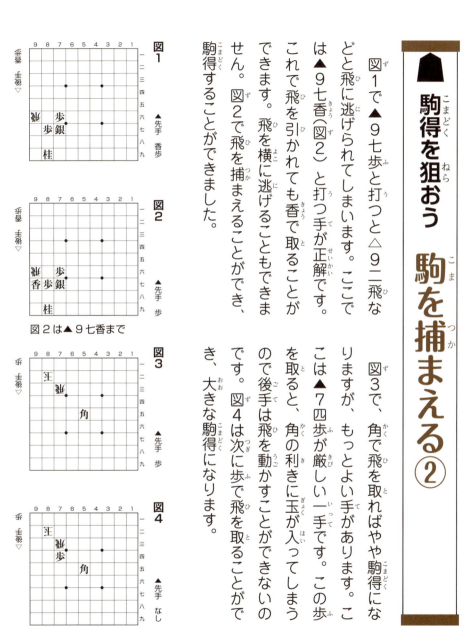

手筋《てすじ》を覚《おぼ》えよう 手筋《てすじ》とは

手筋《てすじ》をうまく使《つか》うことができたら、対局《たいきょく》を有利《ゆうり》に進《すす》めることができるはずです。それでは、実際《じっさい》にいろいろな手筋《てすじ》を見《み》ていきましょう。

ここまで、中盤《ちゅうばん》の考《かんが》え方《かた》として敵陣《てきじん》を突破《とっぱ》することや、駒得《こまどく》を狙《ねら》うことで優勢《ゆうせい》になる方法《ほうほう》を見《み》てきました。しかし、実際《じっさい》の対局《たいきょく》ではなかなか簡単《かんたん》に優勢《ゆうせい》にすることはできません。そこで、手筋《てすじ》を学《まな》んでいきましょう。

手筋《てすじ》とは駒《こま》をうまく使《つか》うためのテクニックです。これを覚《おぼ》えることは将棋《しょうぎ》を上達《じょうたつ》するためには欠《か》かせません。いろいろな手筋《てすじ》が出《で》てきますが、ひとつひとつ形《かたち》を覚《おぼ》えて、実戦《じっせん》で使《つか》えるようになってください。

手筋《てすじ》を覚《おぼ》えよう　垂《た》れ歩《ふ》

図《ず》1で▲2四歩《ふ》と打《う》つのが垂《た》れ歩《ふ》という手筋《てすじ》です。▲2三歩《ふ》と打《う》ってしまうと、角《かく》に逃《に》げられてしまいますが、▲2四歩《ふ》ならば、次《つぎ》に▲2三歩成《ふなり》として、と金《きん》を作《つく》ることができ、後手《ごて》はそれを防《ふせ》ぐことができません。次《つぎ》にと金《きん》を作《つく》るためにあえて一《ひと》つ手前《てまえ》に打《う》つのが、歩《ふ》のじょうずな使《つか》い方《かた》です。

図1

▲先手　歩

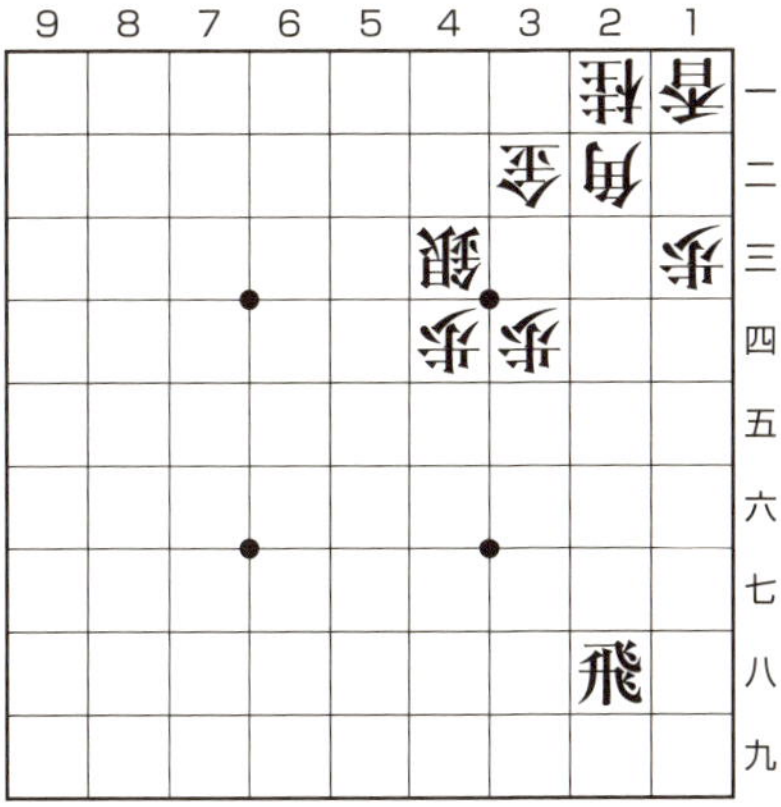

後手▽　歩

図2

▲先手　なし

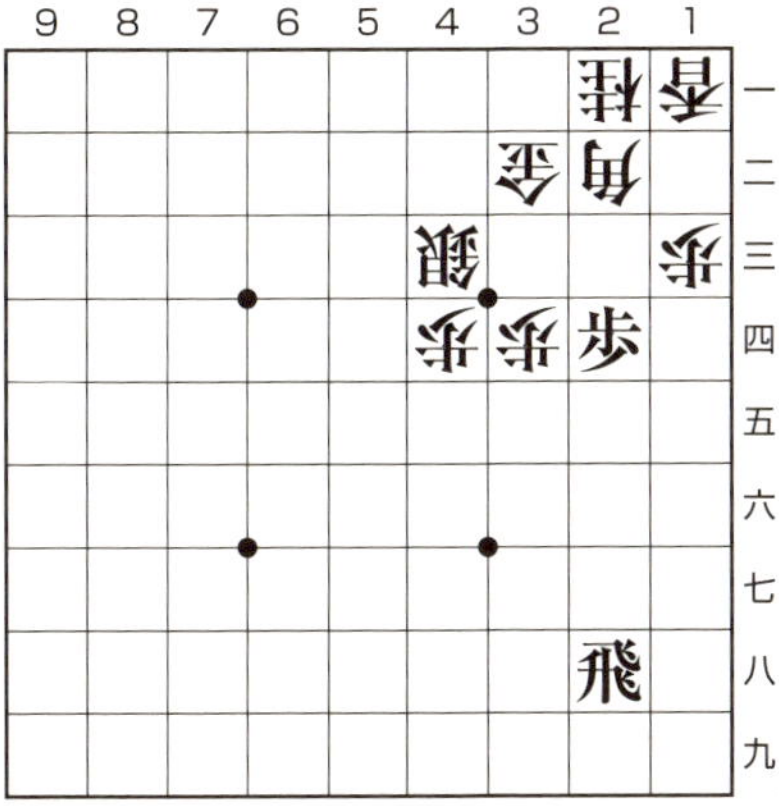

後手▽　歩

図2は▲２四歩まで

手筋《てすじ》を覚《おぼ》えよう　たたきの歩《ふ》

図《ず》1で7一にいる銀《ぎん》は金《きん》で守《まも》られていて取《と》れませんが、▲7三歩《ふ》がたたきの歩《ふ》という手筋《てすじ》です。次《つぎ》に金《きん》を取《と》れるので、△同金《どうきん》としますが、金《きん》が離《はな》れたことで、▲7一飛成《ひなり》と7一にいる銀《ぎん》を取《と》ることができます。歩《ふ》を取《と》らせることで、相手《あいて》の駒《こま》をはなればなれにする手筋《てすじ》です。

図1

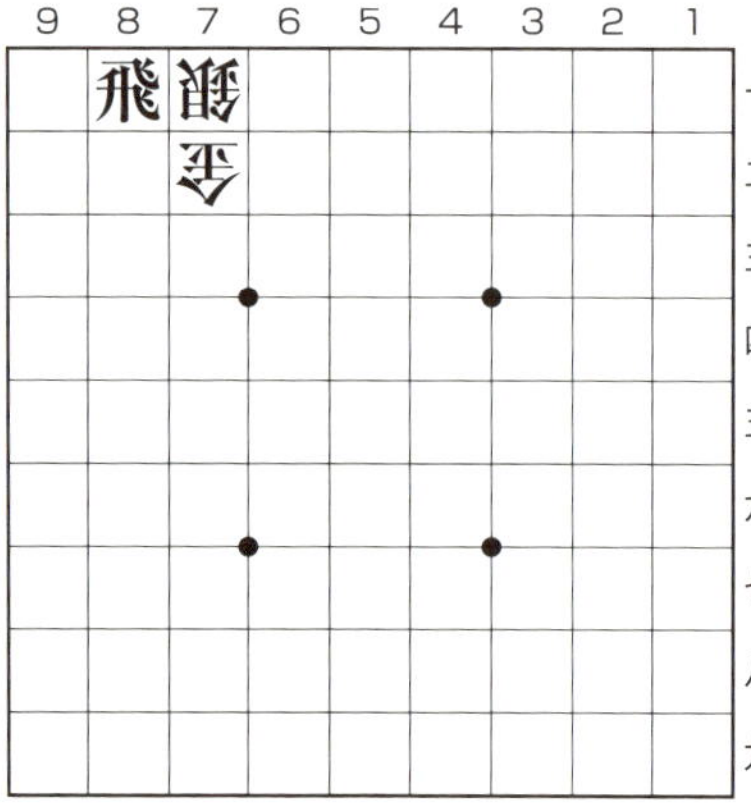

▲先手　歩

△後手　歩

図2

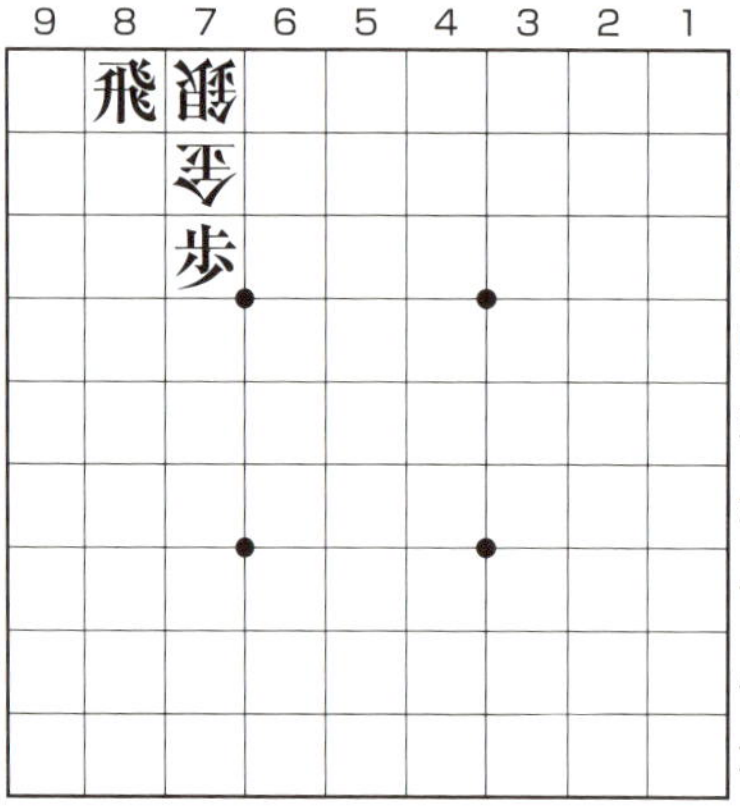

▲先手　なし

△後手　歩

図2は▲7三歩まで

手筋《てすじ》を覚《おぼ》えよう　連打《れんだ》の歩《ふ》

図《ず》1から▲2五金《きん》△同飛《どうひ》と進《すす》めれば角《かく》と金《きん》の交換《こうかん》で駒得《こまどく》ですが、この場合《ばあい》はもっと得《とく》できる手順《てじゅん》があります。二枚《まい》の歩《ふ》を使《つか》って、▲2三歩《ふ》△同飛《どうひ》▲2四歩《ふ》と、連《れん》続《ぞく》して飛車取《ひしゃと》りに歩《ふ》を打《う》つのが、連打《れんだ》の歩《ふ》という手筋《てすじ》です。

図《ず》2で△2二飛《ひ》と飛《ひ》を逃《に》げれば、▲2五金《きん》で角《かく》をタダで取《と》れます。

図1

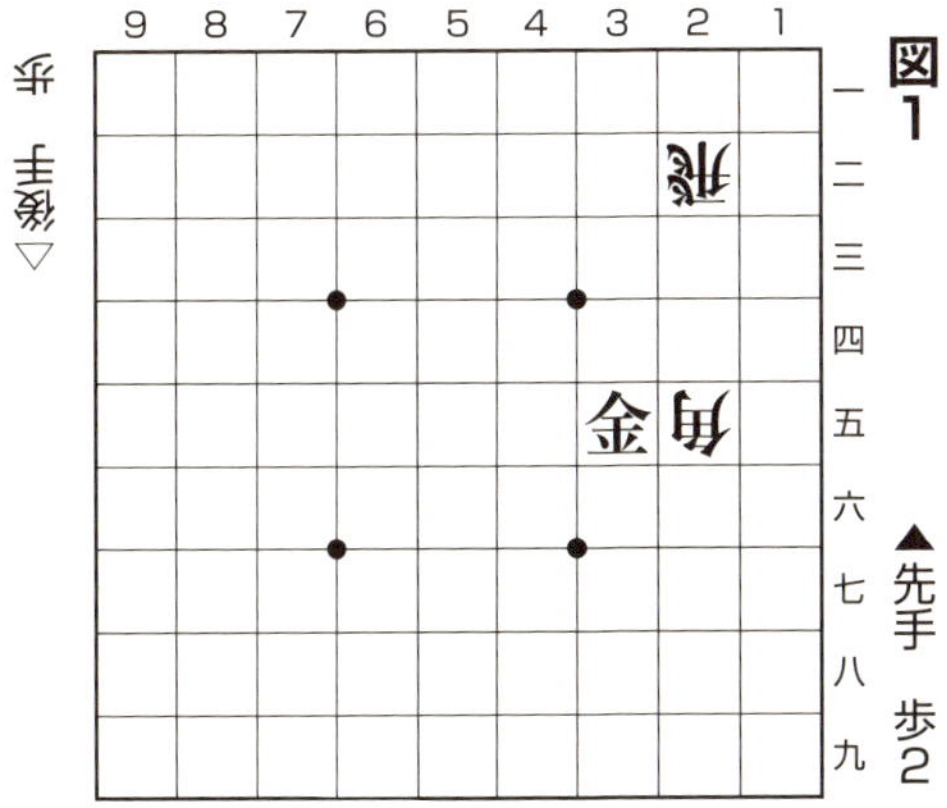

図2

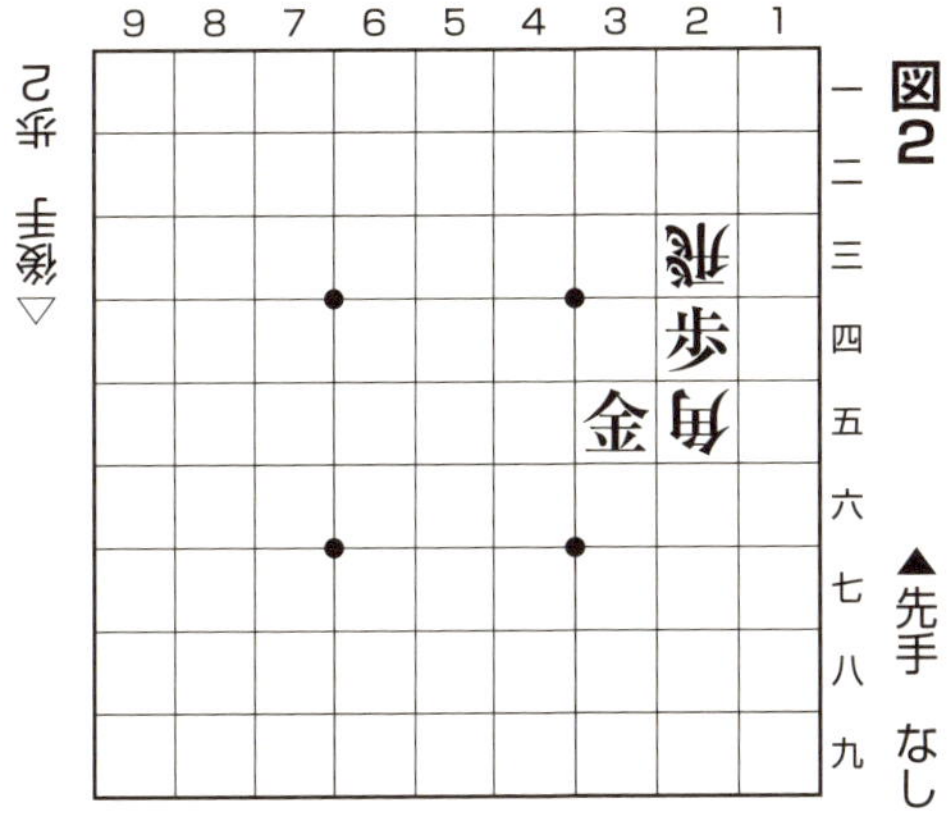

図2は▲2四歩まで

手筋《てすじ》を覚《おぼ》えよう　焦点《しょうてん》の歩《ふ》

図《ず》1で▲3三歩《ふ》と打《う》つのが、焦点《しょうてん》の歩《ふ》という手筋《てすじ》です。図《ず》2で3三には飛《ひ》、角《かく》、桂《けい》が利《き》いていますが、飛《ひ》で取《と》れば角《かく》を、角《かく》で取《と》れば桂《けい》(または銀《ぎん》)を、桂《けい》で取《と》れば銀《ぎん》を取《と》れることを確《たし》かめてください。相手《あいて》の駒《こま》が多《おお》く利《き》いている所《ところ》へ歩《ふ》を打《う》つのが焦点《しょうてん》の歩《ふ》です。

図1

▲先手　歩

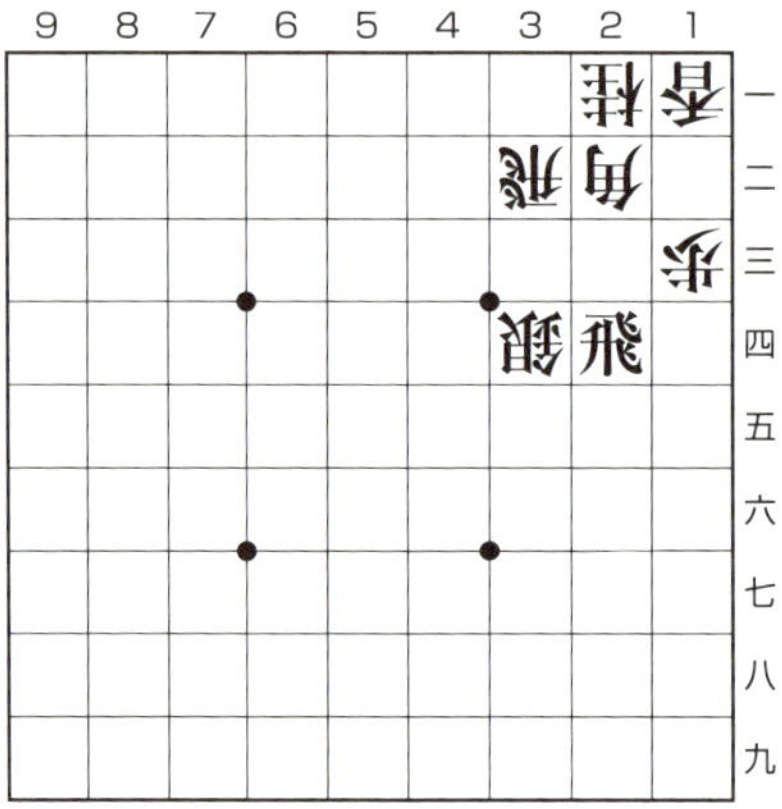

後手△　歩

図2

▲先手　なし

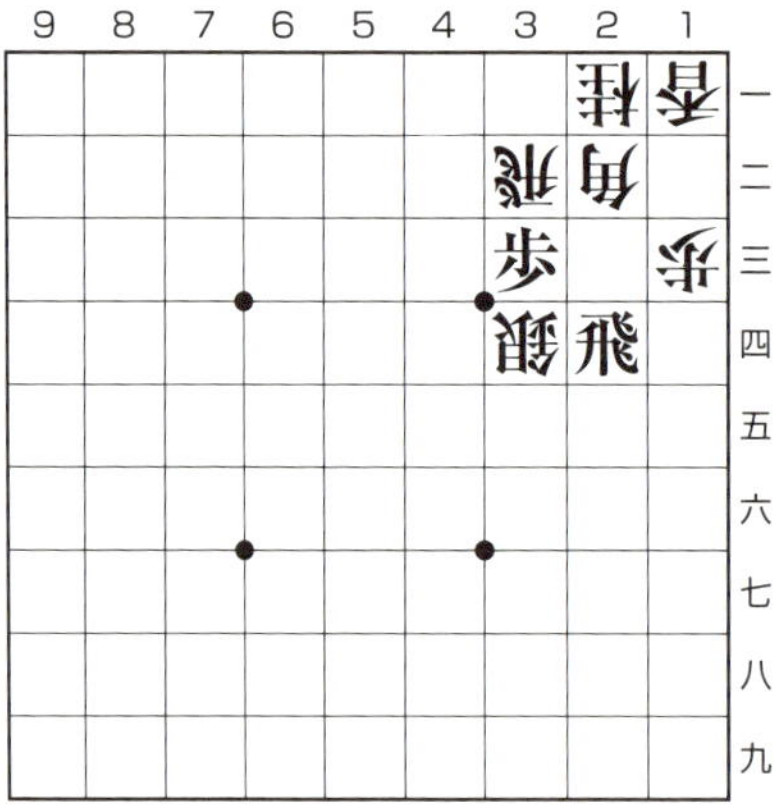

後手△　歩

図2は▲3三歩まで

手筋《てすじ》を覚《おぼ》えよう　底歩《そこふ》

続《つづ》いては受《う》けの手筋《てすじ》で、図《ず》1では次《つぎ》に△2九飛成《ひなり》として玉《ぎょく》を詰《つ》ますことを狙《ねら》われています。そこで▲5九歩《ふ》が底歩《そこふ》です。

これで相手《あいて》の竜《りゅう》と飛《ひ》が歩《ふ》によって利《き》きをとめられて使《つか》いにくくなりました。

特《とく》に図《ず》2のような金《きん》の下《した》の歩《ふ》を金底《きんぞこ》の歩《ふ》と呼《よ》びます。

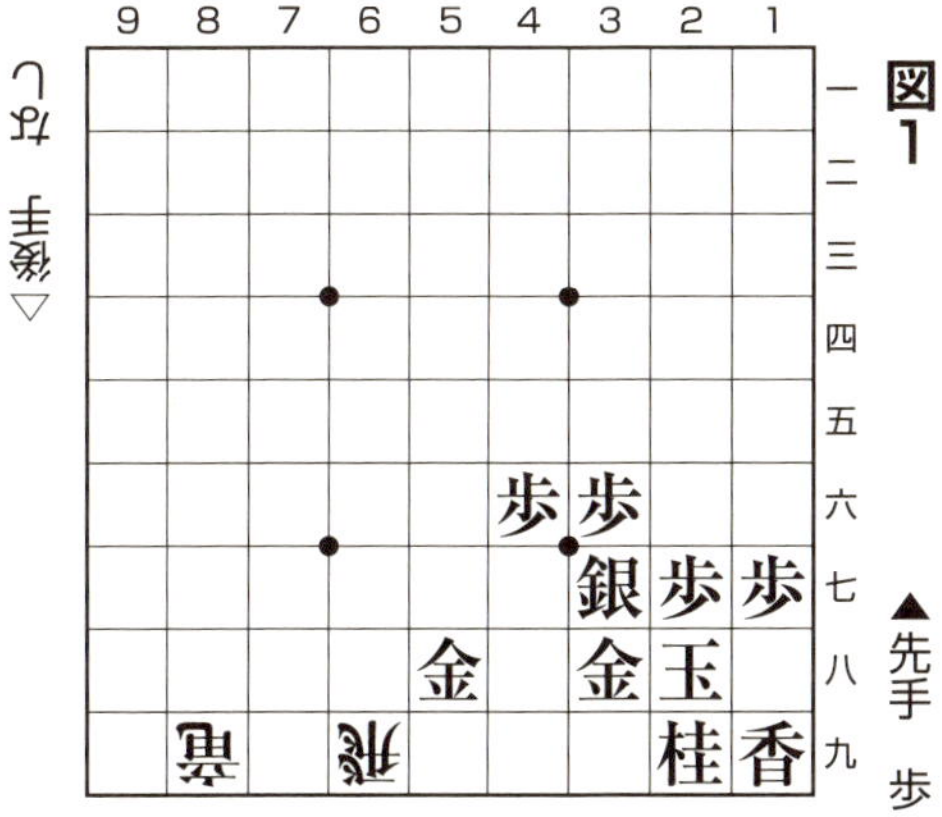

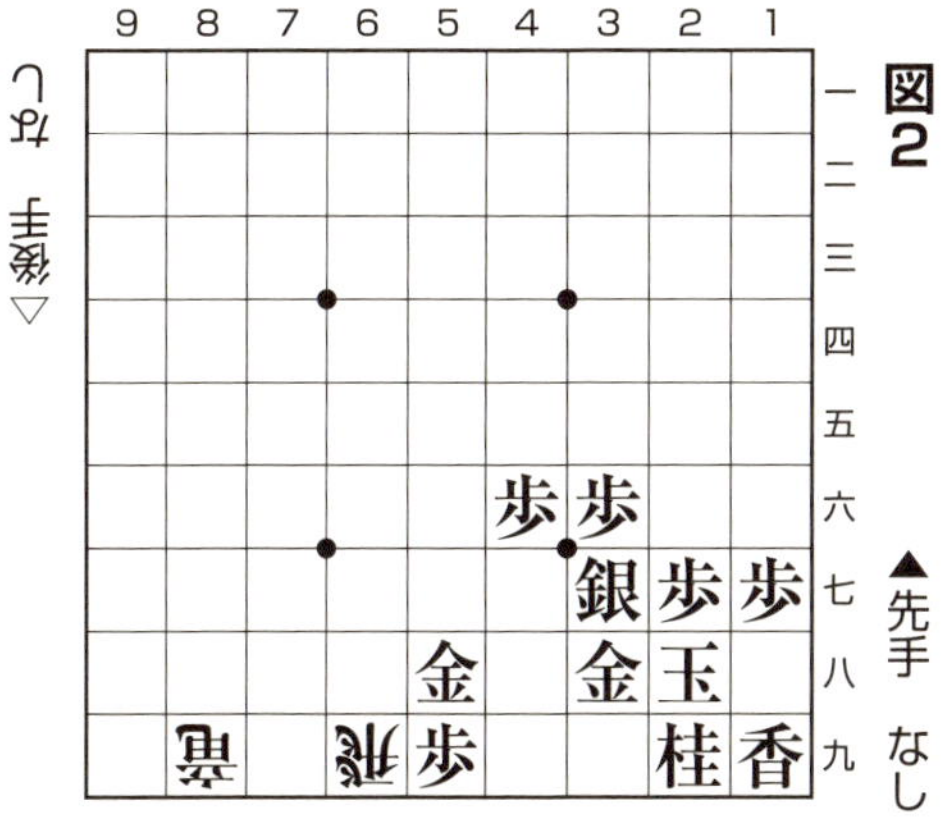

図2は▲5九歩まで

手筋《てすじ》を覚《おぼ》えよう　田楽刺《でんがくざ》し

図《ず》1で▲7九香《きょう》が田楽刺《でんがくざ》しです。次《つぎ》に角《かく》が取《と》れるので、後手《ごて》は角《かく》を逃《に》がしたいのですが、角《かく》を逃《に》げると飛《ひ》が取《と》られてしまいます。

特《とく》に角《かく》は前《まえ》に利《き》きがないので、このように香《きょう》に弱《よわ》いのです。角《かく》の後《うし》ろに駒《こま》がいるときは、この手筋《てすじ》を狙《ねら》ってみましょう。

図1

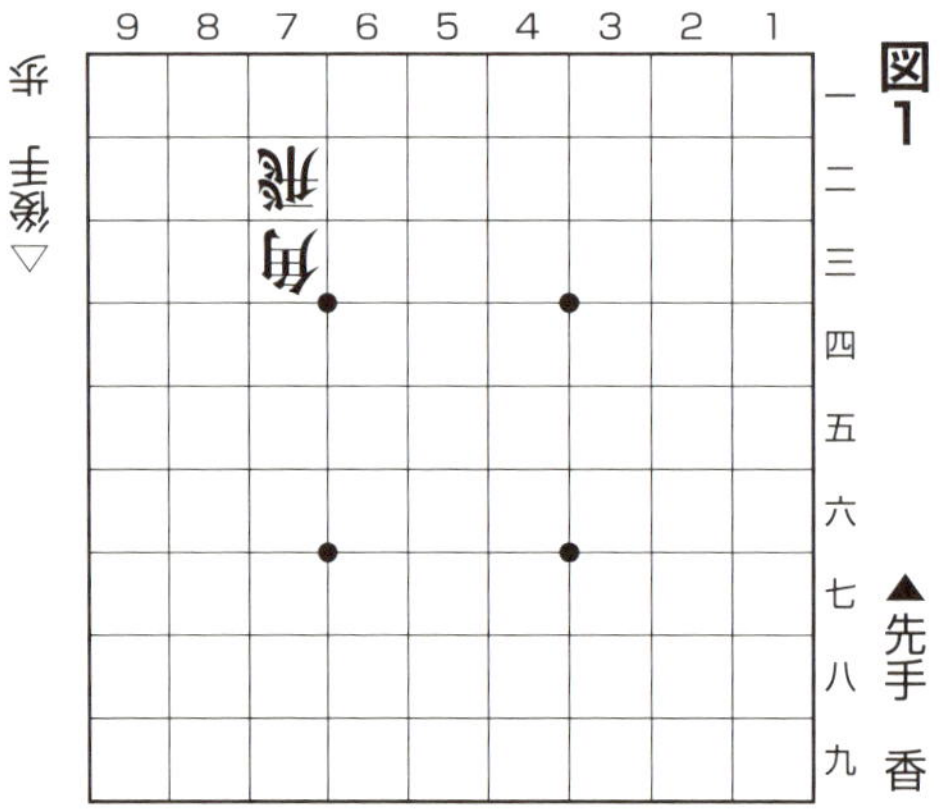

図2

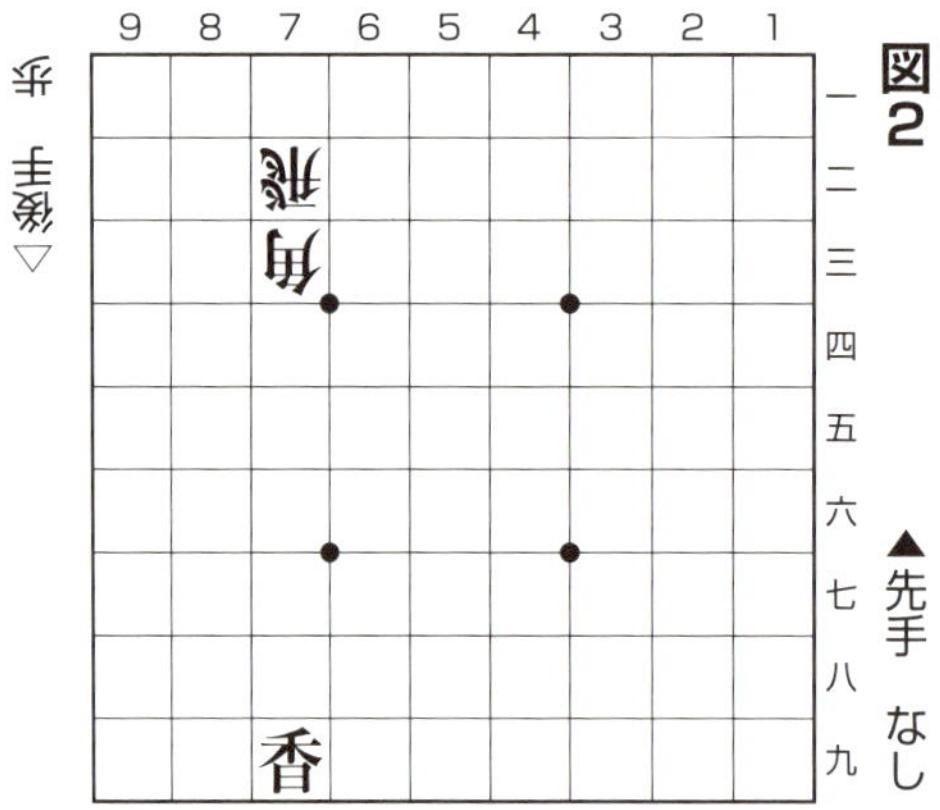

図2は▲７九香まで

手筋《てすじ》を覚《おぼ》えよう　ふんどしの桂《けい》

図《ず》1で▲7四桂《けい》がふんどしの桂《けい》です。桂《けい》の利《き》きで飛《ひ》と角《かく》の両取《りょうど》りになっています。このように桂《けい》の利《き》きの両方《りょうほう》に駒《こま》があるときは両取《りょうど》りをかけて駒得《こまどく》を狙《ねら》うことができます。桂《けい》を持《も》った時《とき》は、このように両取《りょうど》りをかけられる手《て》がないか探《さが》してみましょう。

図1

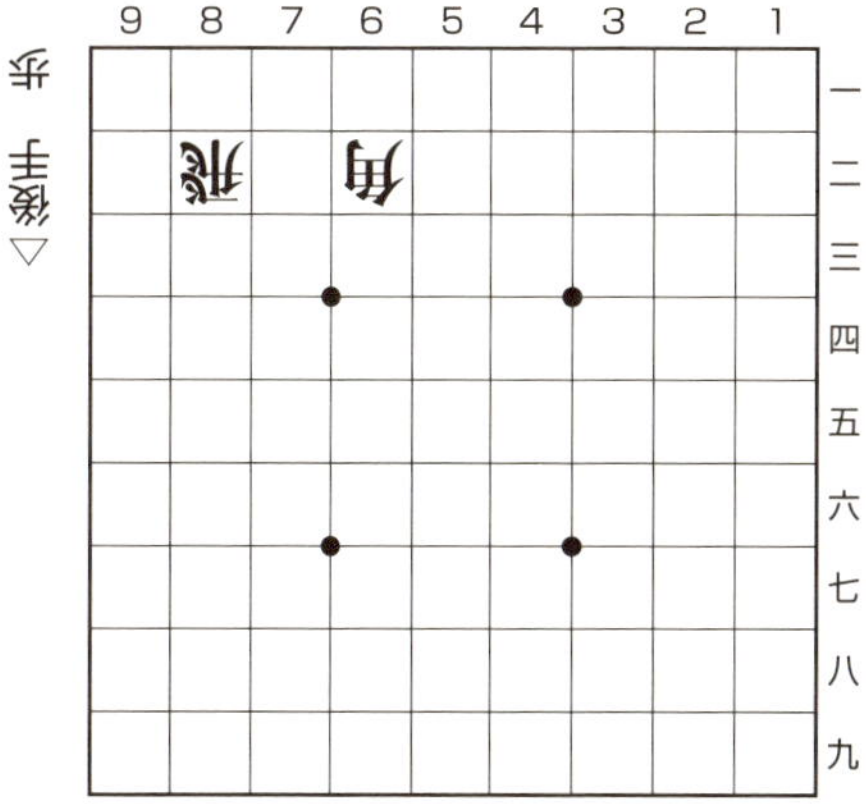

図2

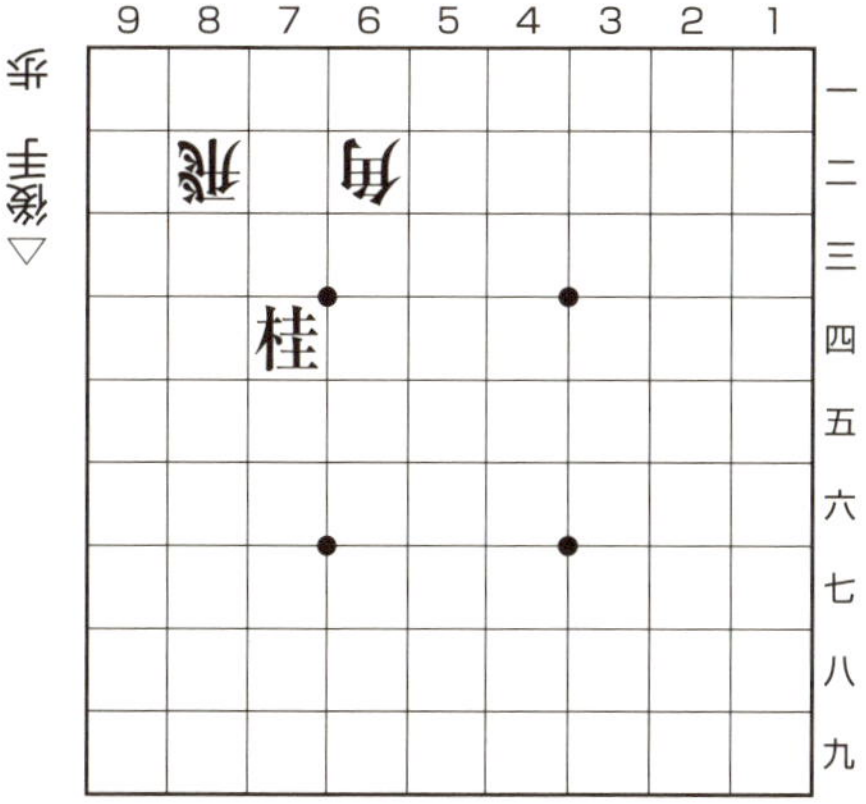

図2は▲7四桂まで

手筋《てすじ》を覚《おぼ》えよう　割《わ》り打《う》ちの銀《ぎん》

図《ず》1で▲4一銀《ぎん》が割《わ》り打《う》ちの銀《ぎん》です。図《ず》2以下《いか》△4二金右《きんみぎ》▲3二銀成《ぎんなり》△同金《どうきん》となると、銀《ぎん》を金《きん》に交換《こうかん》して駒得《こまどく》になりますし、玉《ぎょく》の守《まも》りを薄《うす》くすることができます。

金《きん》や飛《ひ》は斜《なな》め後《うし》ろに利《き》きがないので、このように銀《ぎん》を使《つか》って、両取《りょうと》りをかけることができます。

図1

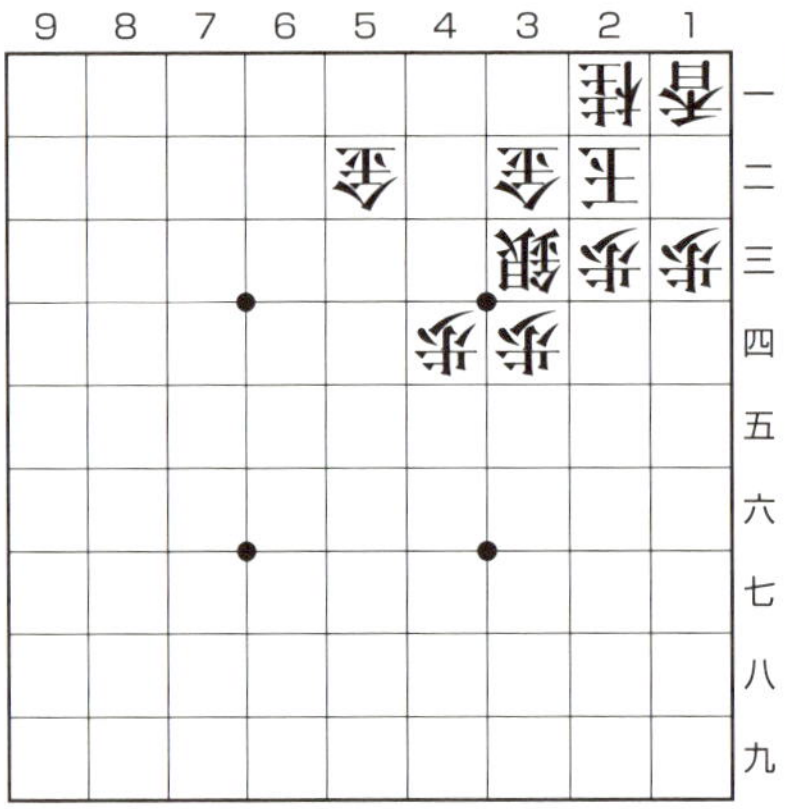

図2

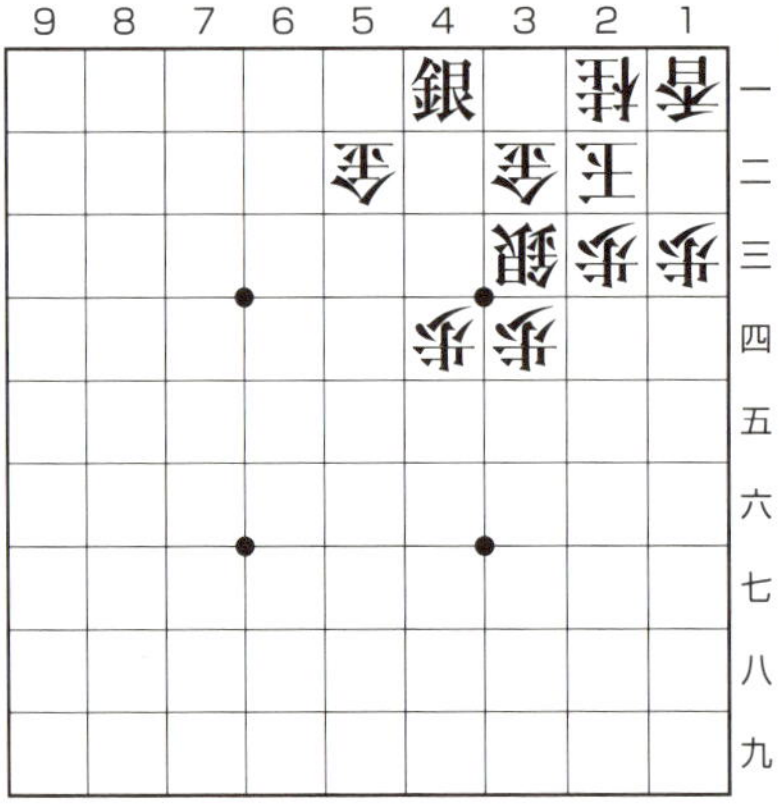

図2は▲4一銀まで

手筋《てすじ》を覚《おぼ》えよう　腹銀《はらぎん》

図《ず》1で▲3二銀《ぎん》が腹銀《はらぎん》です。玉《ぎょく》の腹《はら》（横《よこ》）に銀《ぎん》を打《う》つことで、次《つぎ》に▲2一竜《りゅう》として詰《つ》ますことを狙《ねら》っています。2一に利《き》きを足《た》すために△1二銀《ぎん》としても、

▲3一竜《りゅう》で詰《つ》んでしまいます。玉《ぎょく》を包《つつ》み込《こ》むように寄《よ》せる強力《きょうりょく》な手筋《てすじ》なので、ぜひ覚《おぼ》えるとよいでしょう。

図1

▲先手　銀

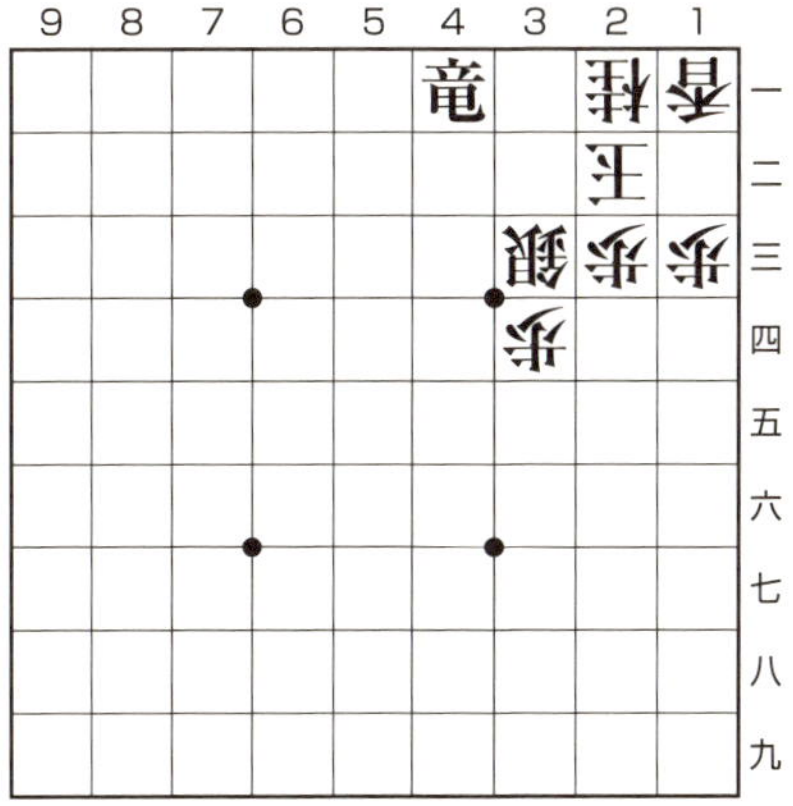

△後手　銀なし

図2

▲先手　なし

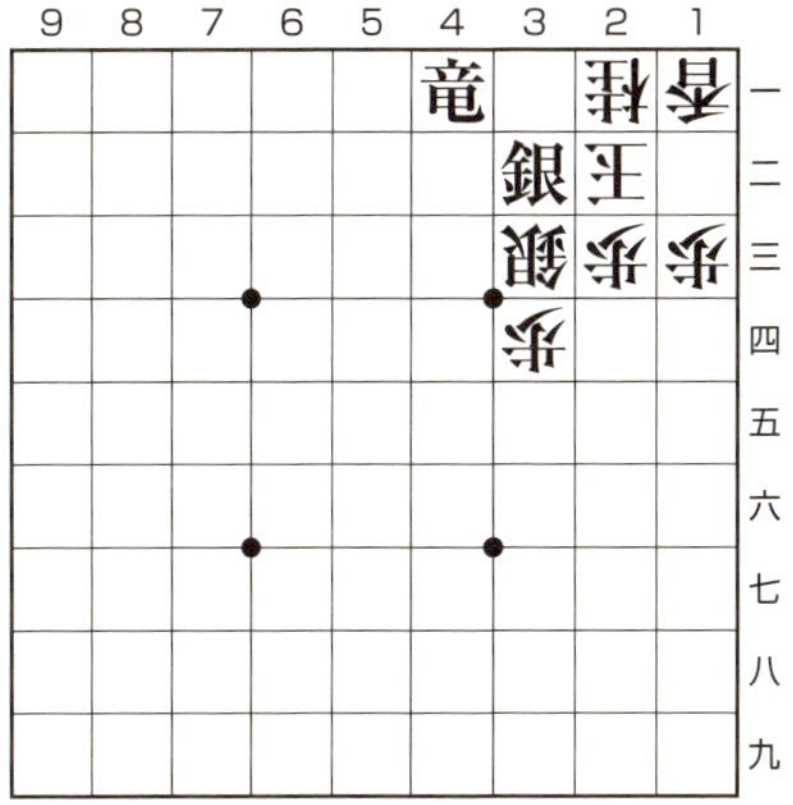

△後手　銀なし

図2は▲３二銀まで

手筋《てすじ》を覚《おぼ》えよう　角《かく》による両取《りょうど》り

図《ず》1で▲5五角《かく》が角《かく》による両取《りょうど》りで、王手飛車取《おうてひしゃと》りとなっています。王手《おうて》なので△3三歩《ふ》などと防《ふせ》ぎますが、▲8二角成《かくなり》として、飛《ひ》を取《と》ることができます。このように角《かく》は遠《とお》く離《はな》れた駒《こま》の両取《りょうど》りを狙《ねら》えるので、逃《のが》さないようにしましょう。

図1

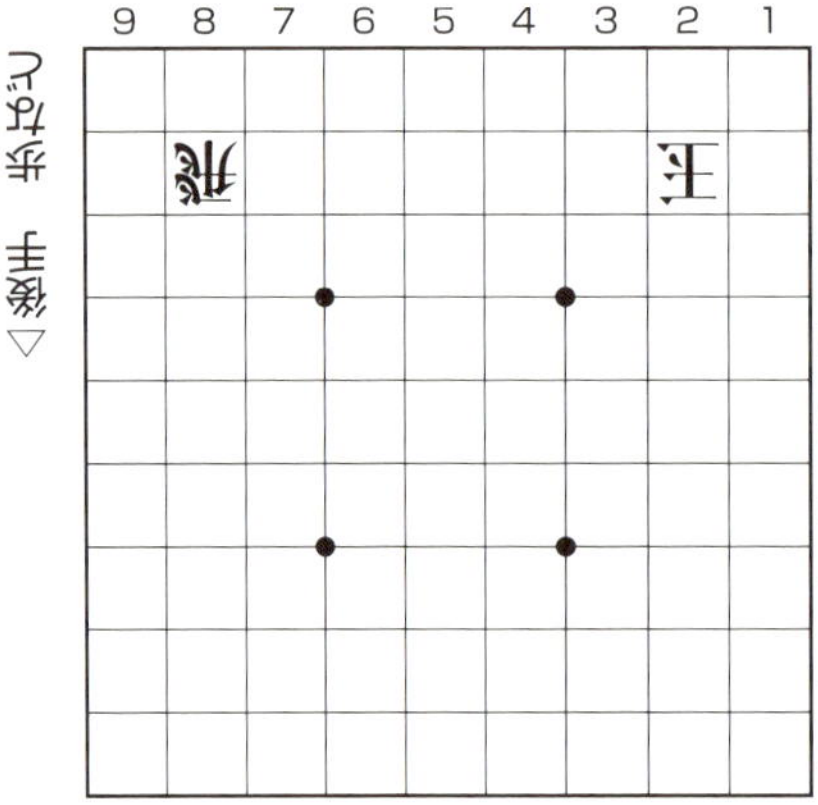

▲先手　角

図2

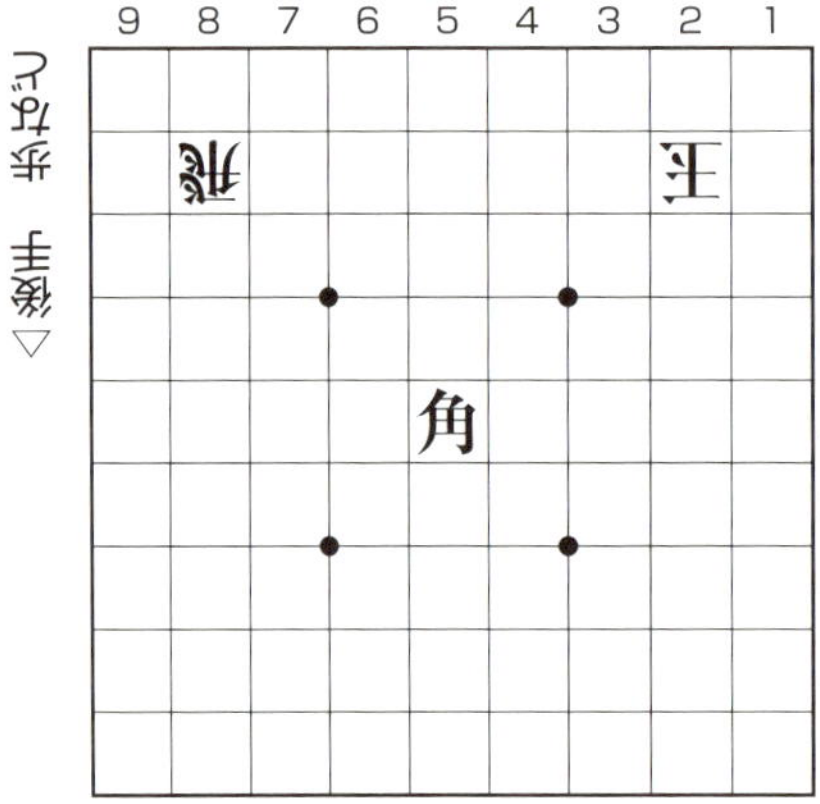

▲先手　なし

図2は▲5五角まで

手筋《てすじ》を覚《おぼ》えよう　十字飛車《じゅうじびしゃ》

図《ず》1から、▲8四歩《ふ》△同歩《どうふ》▲同飛《どうひ》となった図《ず》2が十字飛車《じゅうじびしゃ》です。飛《ひ》の縦横《たてよこ》の利《き》きで、王手銀取《おうてぎんと》りになっています。

図《ず》2以下《いか》は△8三歩《ふ》に▲3四飛《ひ》と銀《ぎん》を取《と》ることができます。十字飛車《じゅうじびしゃ》は、飛《ひ》の縦《たて》の利《き》きと横《よこ》の利《き》きを使《つか》って、駒得《こまどく》を狙《ねら》う手筋《てすじ》です。

図1

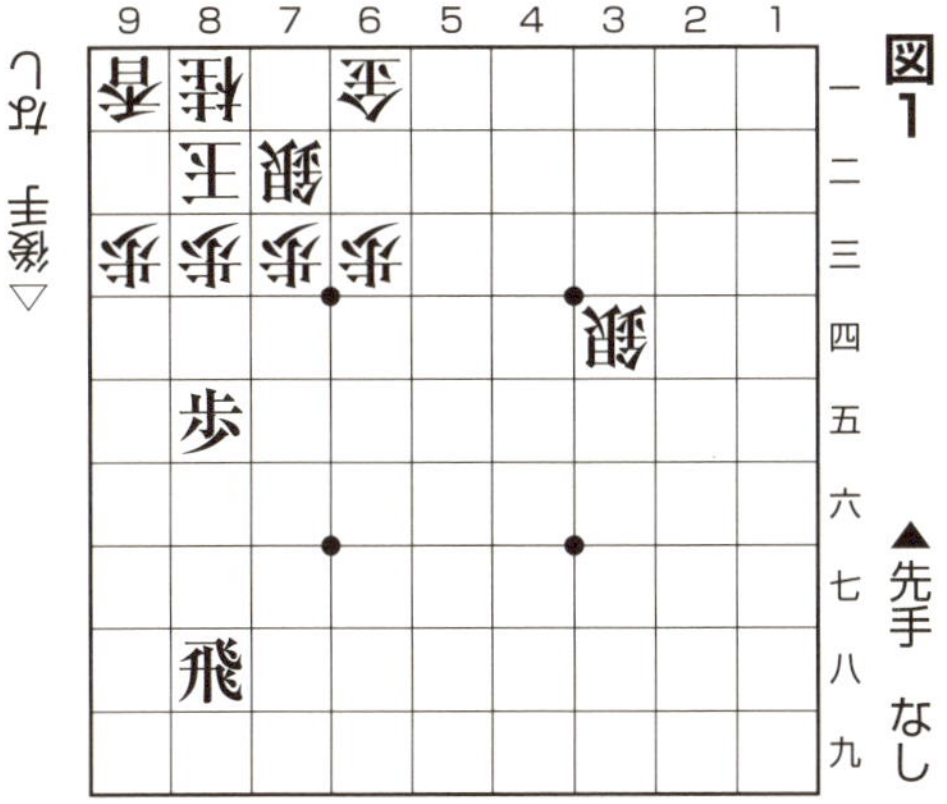

図2

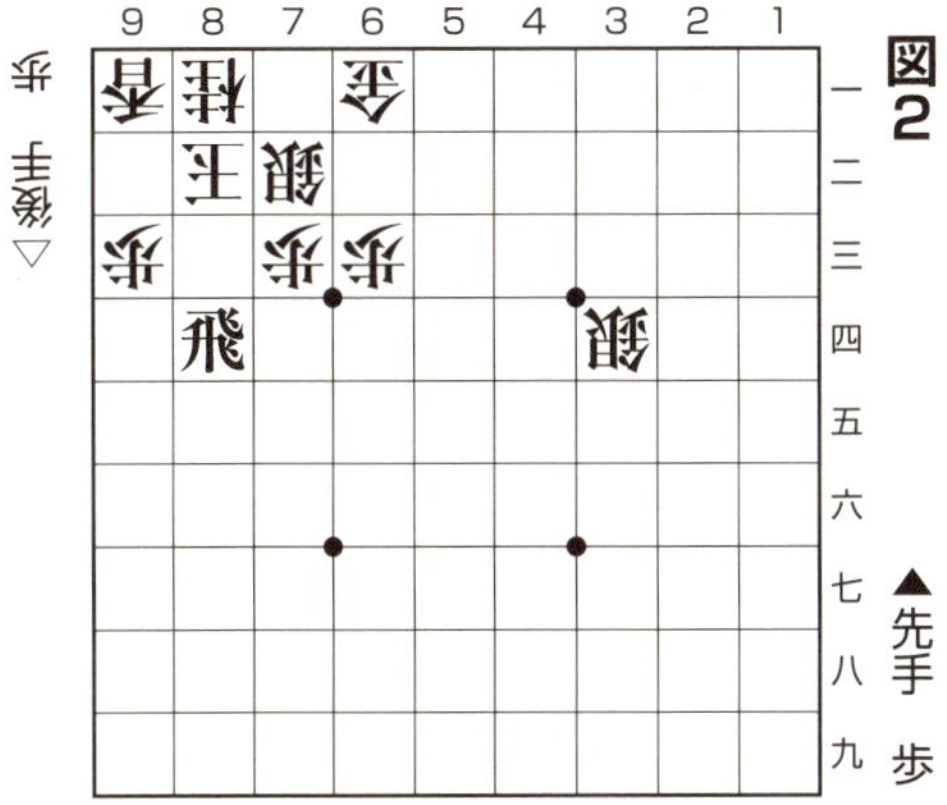

知《し》っておきたい マナーとルール ＋プラス

駒《こま》の取《と》り方《かた》

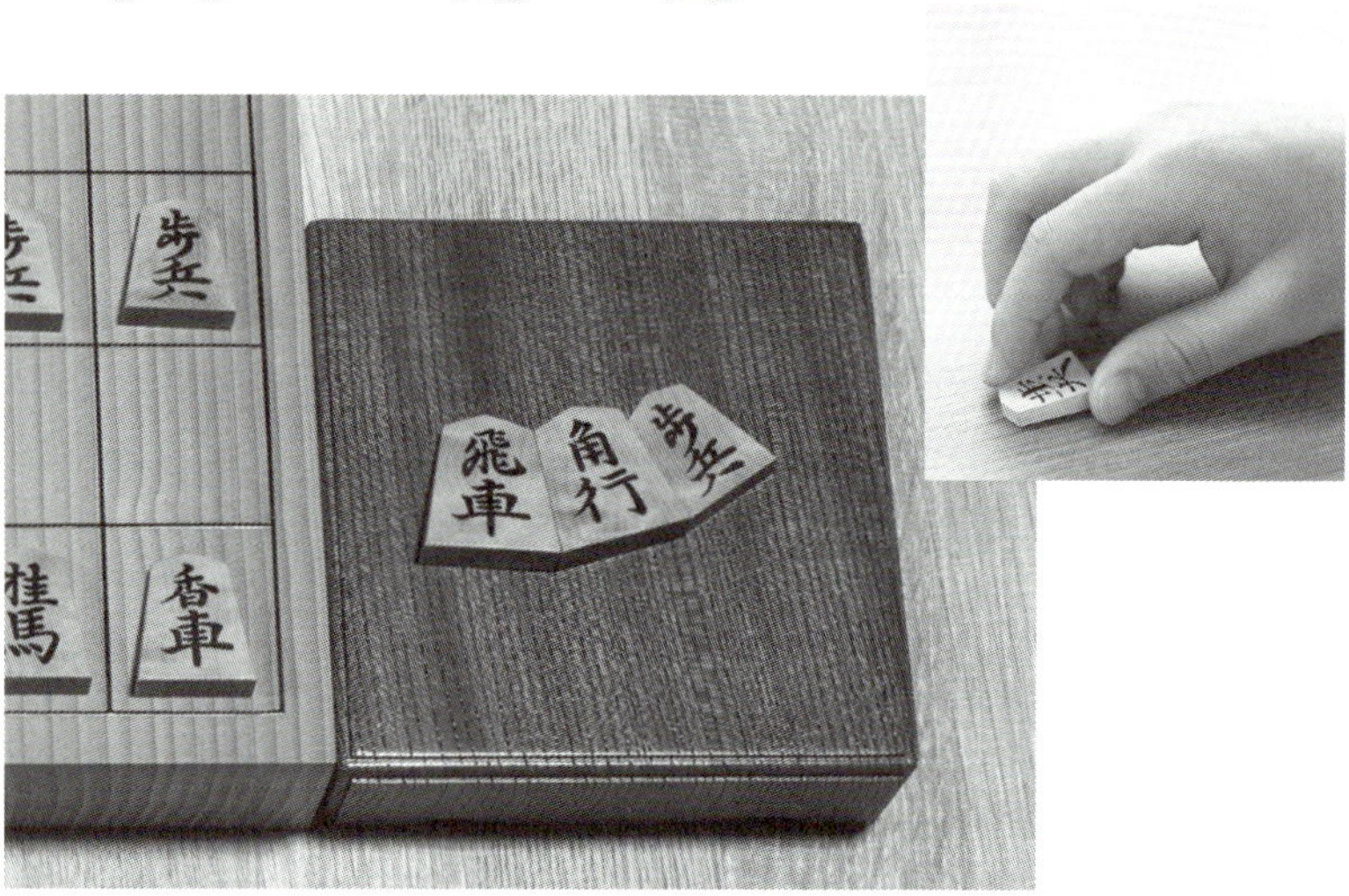

相手《あいて》の駒《こま》を取《と》るとき、先《さき》に自分《じぶん》の駒《こま》を移動《いどう》させてしまい、相手《あいて》の駒《こま》に重《かさ》ねるようにして取《と》る人《ひと》がよくいます。これはルール違反《いはん》ではないのですが、あまり美《うつく》しくない動作《どうさ》です。

慣《な》れてきたら、まず最初《さいしょ》に相手《あいて》の駒《こま》を取《と》って自分《じぶん》の駒台《こまだい》に乗《の》せて、そのあとで自分《じぶん》の駒《こま》をその場所《ばしょ》に進《すす》めるようにすると、美《うつく》しい動作《どうさ》になります。

また取《と》った駒《こま》（持《も》ち駒《ごま》）は駒台《こまだい》にきれいに並《なら》べて、自分《じぶん》にも相手《あいて》からも見《み》えやすいように置《お》くのが大切《たいせつ》なマナーです。

なお、一度《いちど》駒《こま》を動《うご》かして指《ゆび》が駒《こま》から離《はな》れたら、もうやり直《なお》しはできません。「待《ま》った」という反則《はんそく》になります。次《つぎ》に指《さ》す手《て》をしっかり決《き》めてから、駒《こま》を持《も》つように心《こころ》がけましょう。

終盤の考え方
しゅうばんのかんがかた

詰めろ

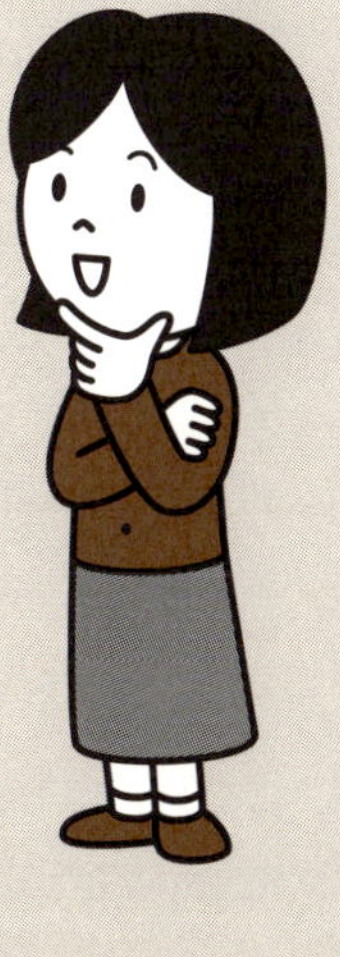

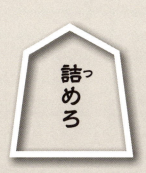

詰《つ》めろとは

ここからは終盤《しゅうばん》の考《かんが》え方《かた》を見《み》ていきます。図《ず》1は次《つぎ》に先手番《せんてばん》ならば▲5二金《きん》と打《う》って詰《つ》ますことができます。

図1

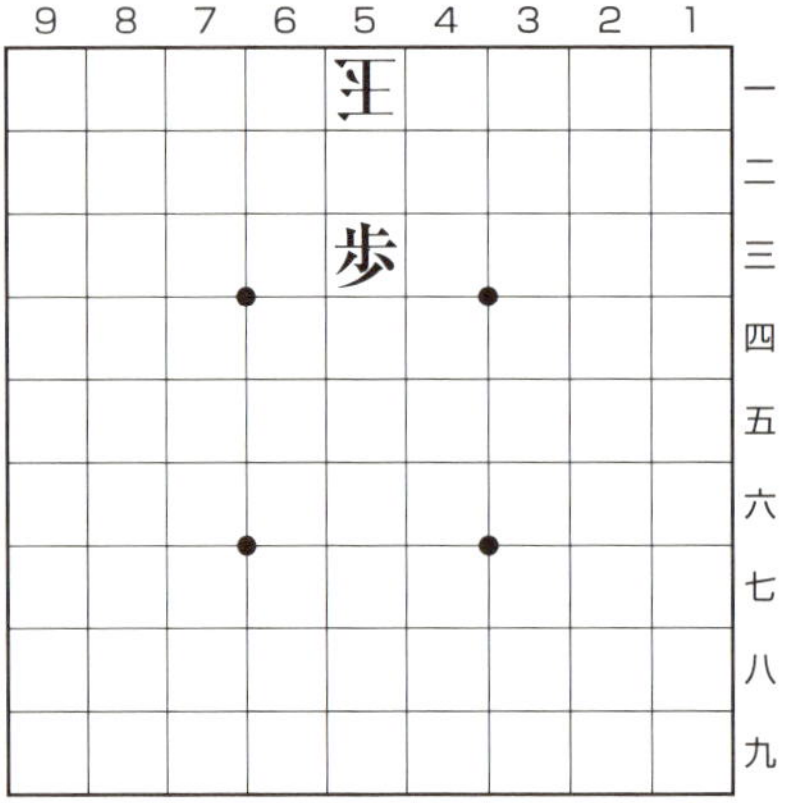

▲先手 金

△後手 なし

このように次《つぎ》に自分《じぶん》の番《ばん》になったら相手玉《あいてぎょく》を詰《つ》ますことができる状態《じょうたい》のことを「詰《つ》めろ」と言《い》います。

終盤《しゅうばん》で、玉《ぎょく》を捕《つか》まえに行《い》くときには、玉《ぎょく》の周《まわ》りを囲《かこ》んで、逃《に》げられないようにしていくことです。

最後《さいご》は王手《おうて》をかけて玉《ぎょく》を詰《つ》ますのですが、途中《とちゅう》で詰《つ》みの見通《みとお》しもなく王手《おうて》、王手《おうて》で追《お》いかけると、かえって玉《ぎょく》を逃《に》がすことになってしまいます。そこで大事《だいじ》なのが、「詰《つ》めろ」をかけることです。

詰《つ》めろのかけ方《かた》

では、実際《じっさい》に詰《つ》めろをかけてみましょう。図《ず》1では▲5三銀《ぎん》(図《ず》2)と打《う》ちます。次《つぎ》に▲5二金《きん》で詰《つ》ますことができるので、詰《つ》めろをかけることができました。このように、玉《ぎょく》を「上《うえ》から押《お》さえる」のは、もっとも基本的《きほんてき》な詰《つ》めろのかけ方《かた》です。

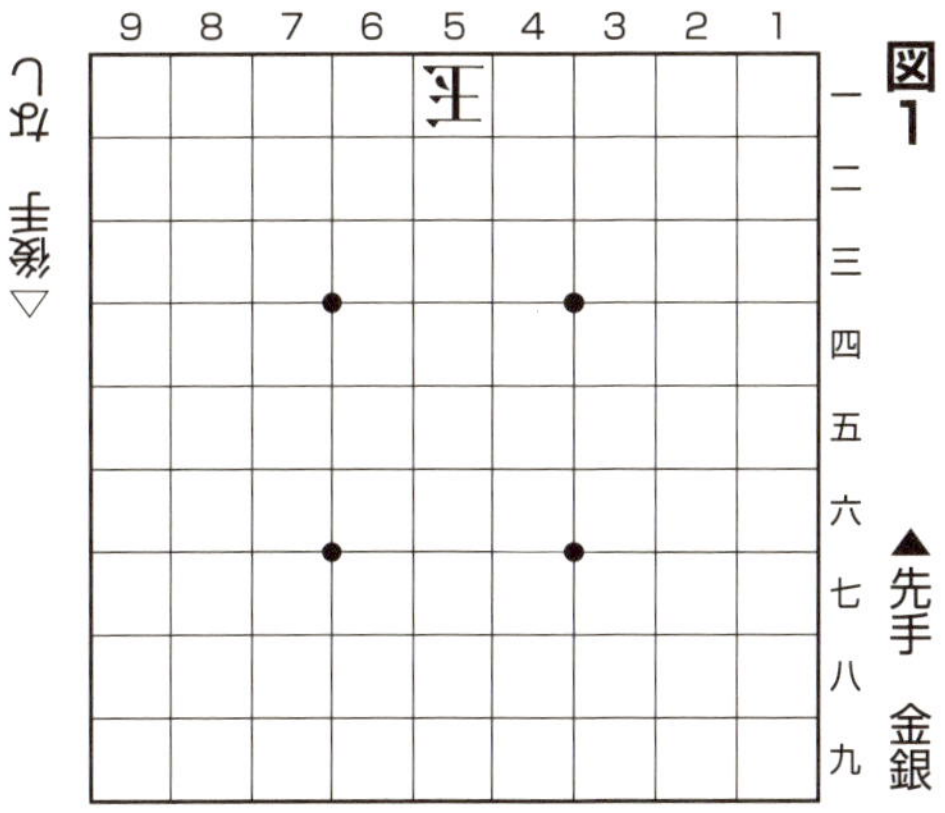

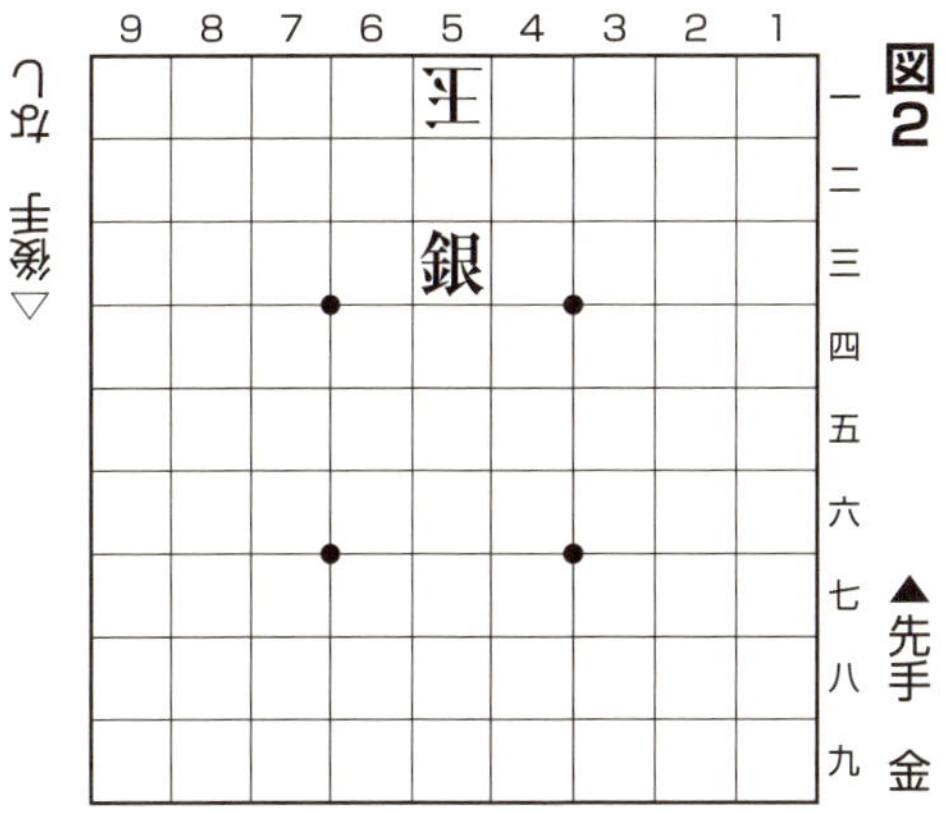

図2は▲5三銀まで

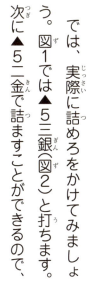

駒《こま》の損得《そんとく》より速度《そくど》

「終盤《しゅうばん》は駒《こま》の損得《そんとく》より速度《そくど》」という格言《かくげん》があります。図《ず》1では▲5二金《きん》で角《かく》を取《と》ることができますが、どう指《さ》すのが一番《いちばん》よいでしょうか?

正解《せいかい》は▲7二金《きん》と詰《つ》めろをかける手《て》です。図《ず》2では次《つぎ》の▲8二角成《かくなり》の詰《つ》みを防《ふせ》げません。終盤《しゅうばん》では、駒得《こまどく》するよりも、玉《ぎょく》に早《はや》く迫《せま》ることが重要《じゅうよう》です。

図1

▲先手 なし

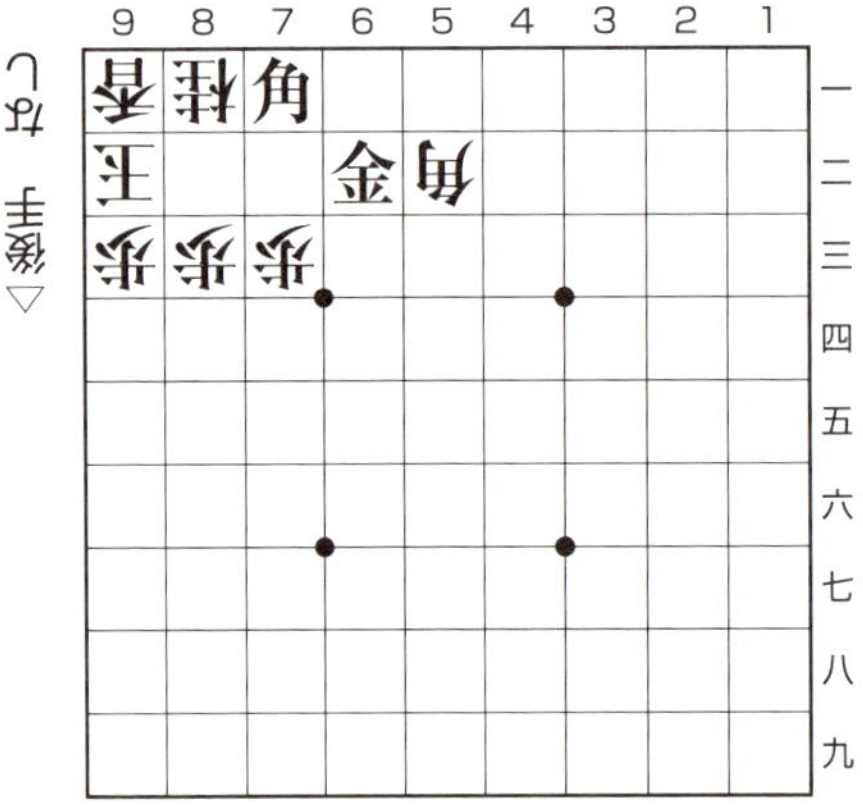

図2

▲先手 なし

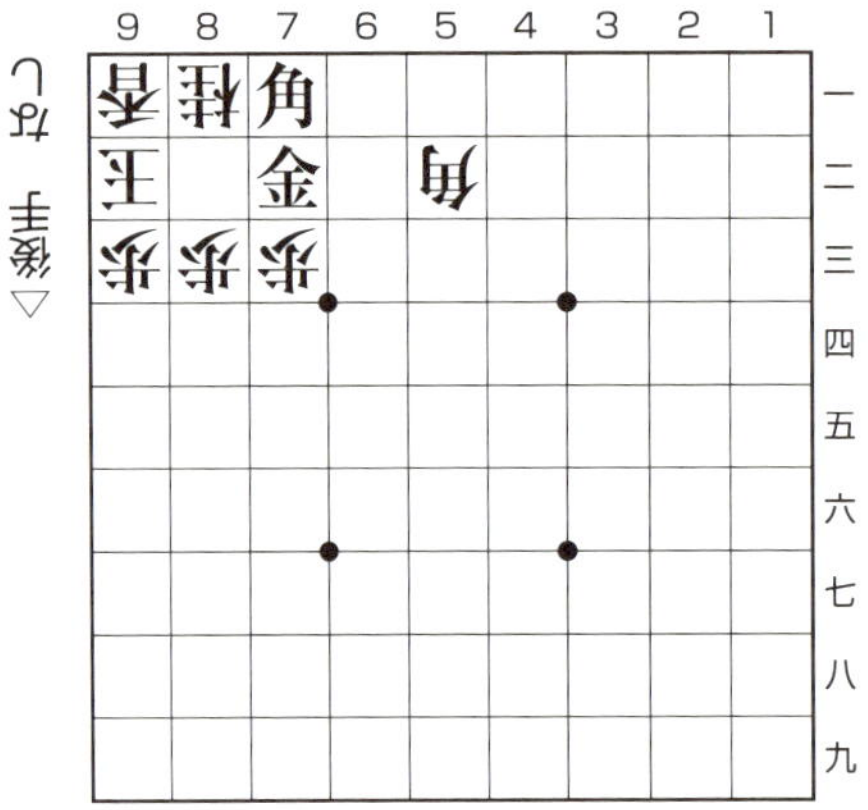

図2は▲7二金まで

王手《おうて》は追《お》う手《て》

「王手《おうて》は追《お》う手《て》」という言葉《ことば》があります。王手《おうて》で玉《ぎょく》を追《お》い回《まわ》すと、かえって逃《に》がすことになってよくない、という意味《いみ》です。図《ず》1では▲3二金《きん》（図《ず》2）の詰《つ》めろが正解《せいかい》です。

つい▲2二金《きん》と王手《おうて》をしたくなりますが、これは△1三玉《ぎょく》と逃《に》げられて失敗《しっぱい》です。図《ず》2は次《つぎ》に▲2二馬《うま》の詰《つ》みが狙《ねら》いです。これなら△1三玉《ぎょく》と逃《に》げられません。

図1

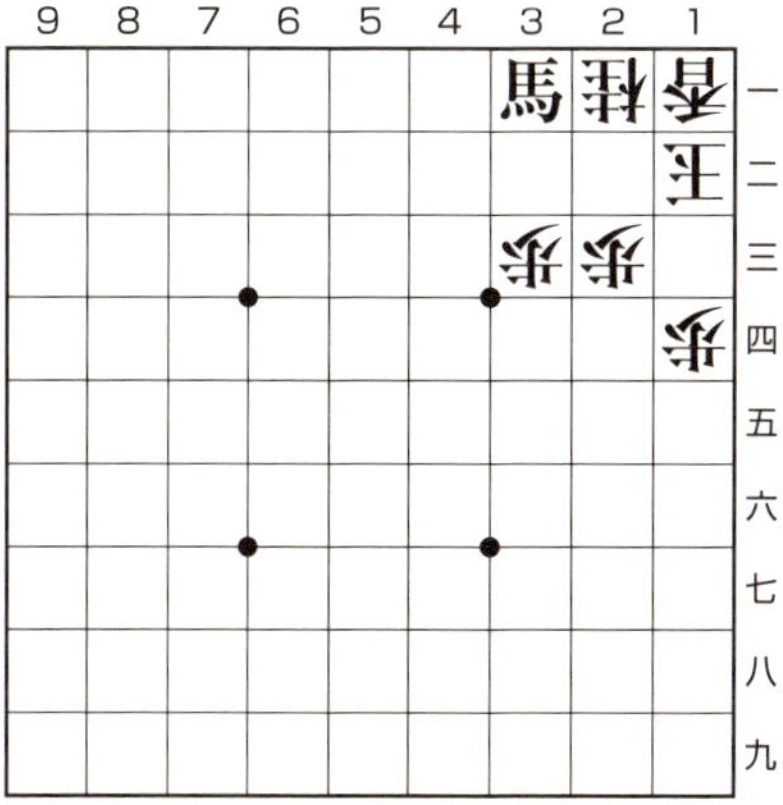

▲先手　金

△後手　なし

図2

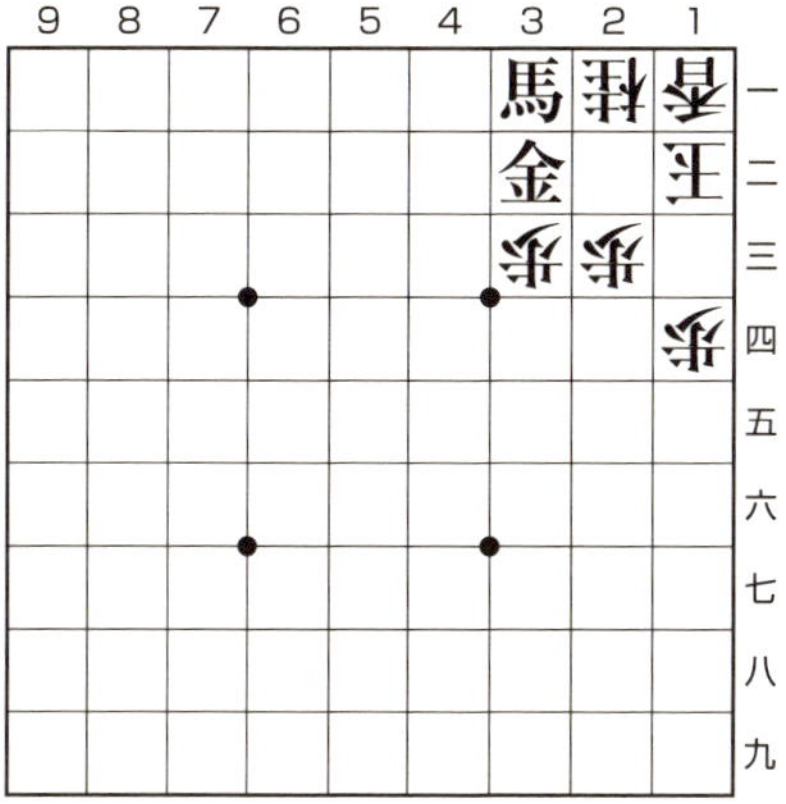

▲先手　なし

△後手　なし

図2は▲3二金まで

左右挟撃《さゆうきょうげき》（基本《きほん》）

左右挟撃《さゆうきょうげき》とは、玉《ぎょく》を左《ひだり》と右《みぎ》から挟《はさ》み撃《う》ちにすることです。実際《じっさい》の例《れい》を見《み》てみましょう。図《ず》1ではどうするのがよいでしょうか？

正解《せいかい》は▲7二金《きん》と打《う》つ手《て》です。これで次《つぎ》の▲4二金《きん》および▲6二金打《きんうち》の左右《さゆう》から詰《つ》みを狙《ねら》えば、後手《ごて》は同時《どうじ》に防《ふせ》ぐことができません。

図1

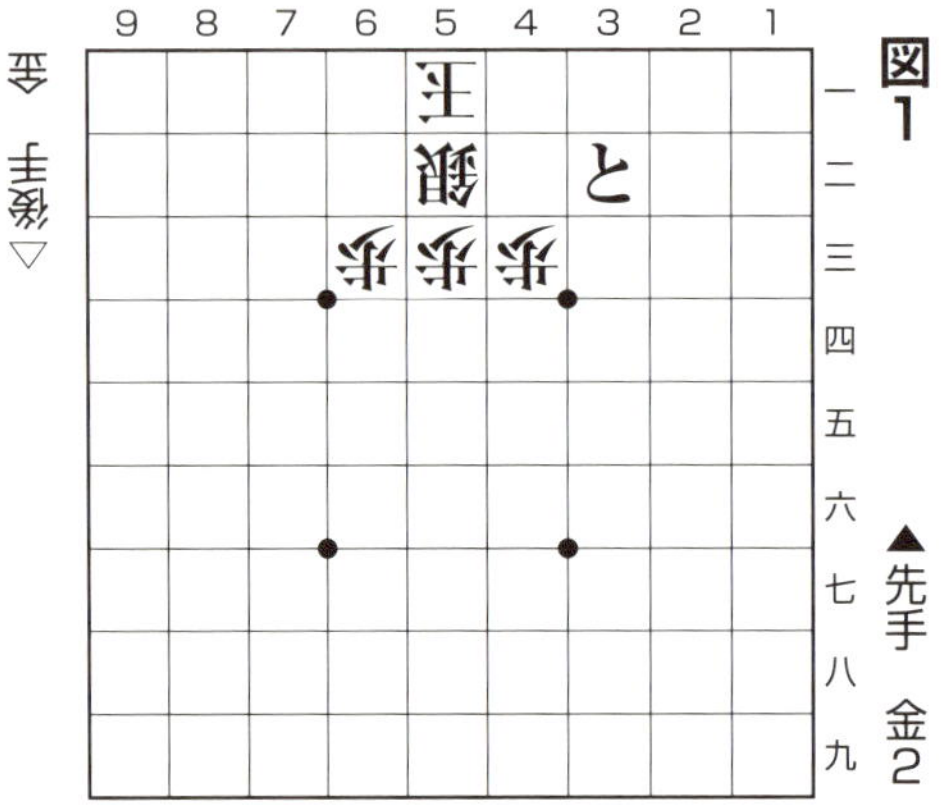

図2

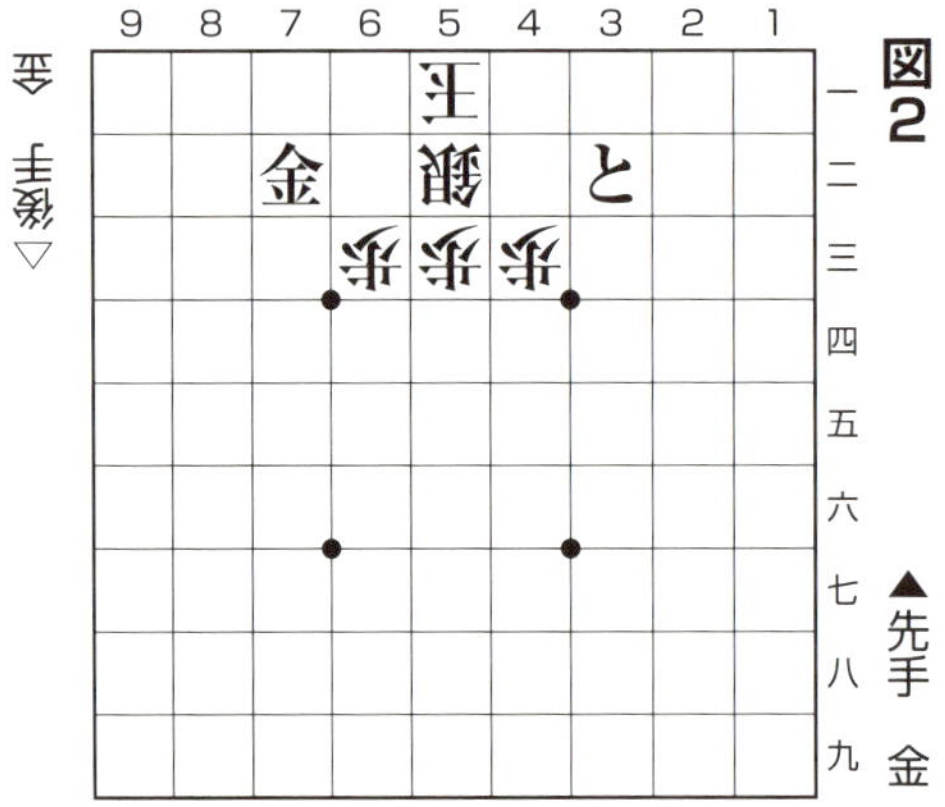

図2は▲7二金まで

左右挟撃《さゆうきょうげき》（応用《おうよう》）

図《ず》1で左右挟撃《さゆうきょうげき》を狙《ねら》った攻《せ》めがあります。正解《せいかい》は▲6一竜《りゅう》△同玉《どうぎょく》▲8二金《きん》（図《ず》2）です。

図1

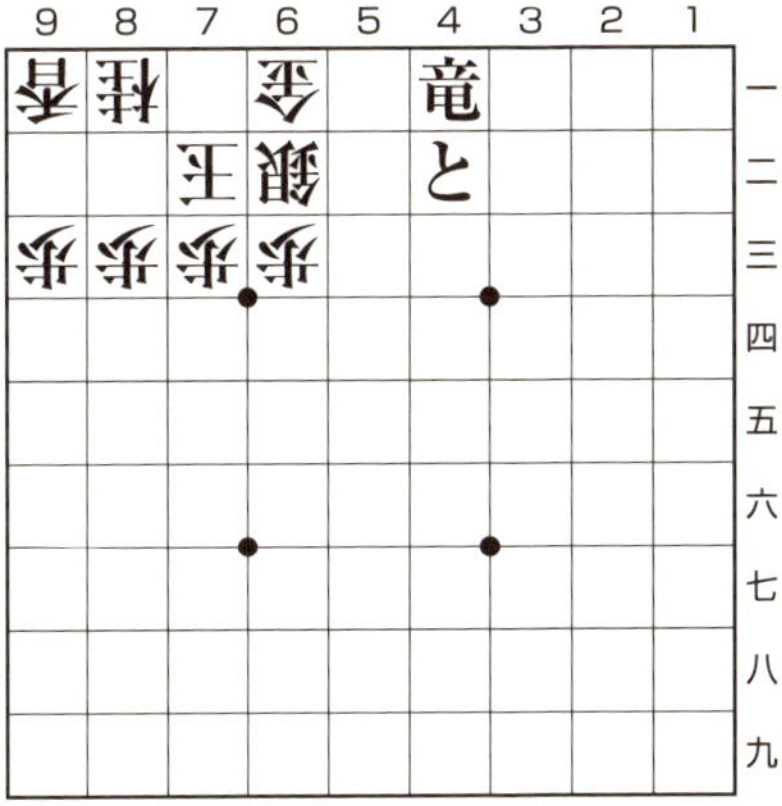

▲先手　金

△後手　金

図《ず》2は次《つぎ》に▲5二金《きん》および▲7二金打《きんうち》を見《み》た詰《つ》めろです。さらに後手《ごて》はこの詰《つ》めろを防《ふせ》ぐことができません。このように防《ふせ》ぐことができない詰《つ》めろを「必死《ひっし》（必至《ひっし》）」と言《い》います。

図2

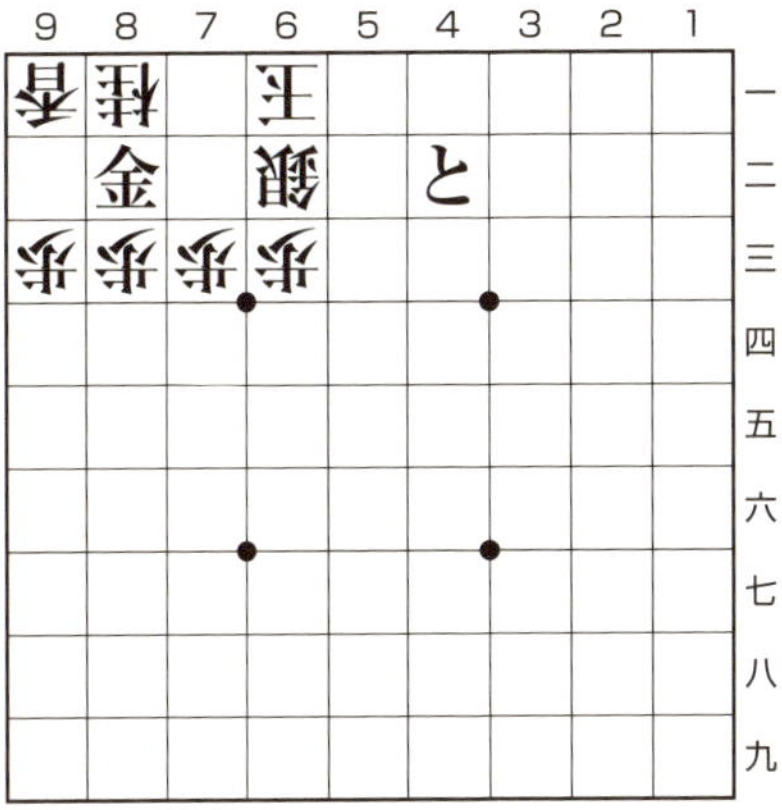

▲先手　金

△後手　飛金

図2は▲8二金まで

と金《きん》の作《つく》り方《かた》

これまでは玉《ぎょく》を直接《ちょくせつ》攻《せ》める方法《ほうほう》を見《み》てきました。玉《ぎょく》を直接攻《ちょくせつせ》めるには、まず玉《ぎょく》の囲《かこ》いを崩《くず》す必要《ひつよう》があります。ここからは囲《かこ》いを崩《くず》す手段《しゅだん》を見《み》ていきましょう。

まずはと金攻《きんぜ》めです。図《ず》1では▲5三歩《ふ》の垂《た》れ歩《ふ》が正解《せいかい》です。次《つぎ》に▲5二歩成《ふなり》のと金作《きんづく》りを狙《ねら》います。

図1

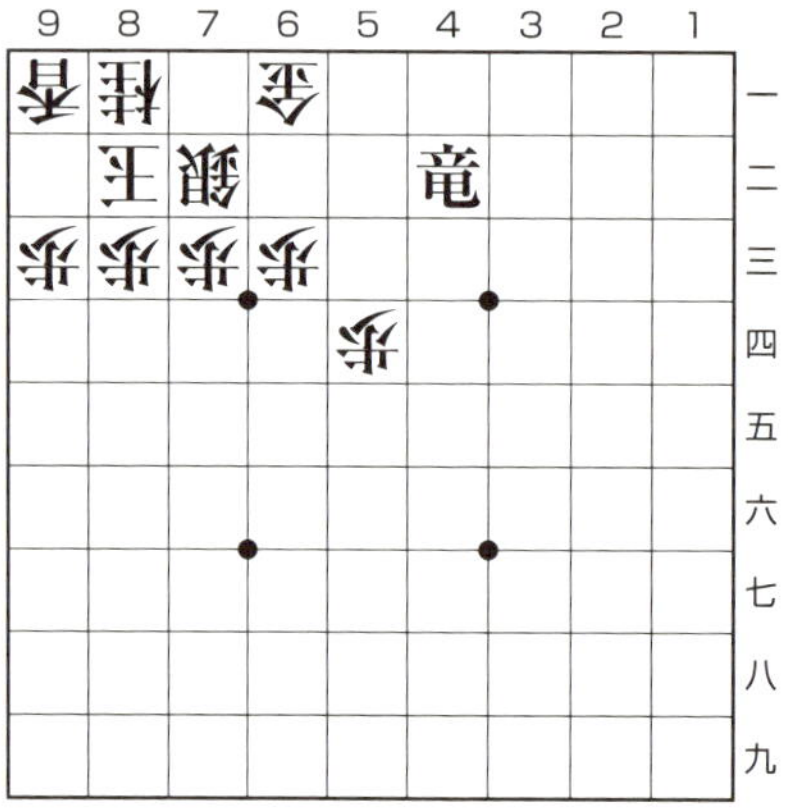

▲先手 歩

△後手 なし

図2

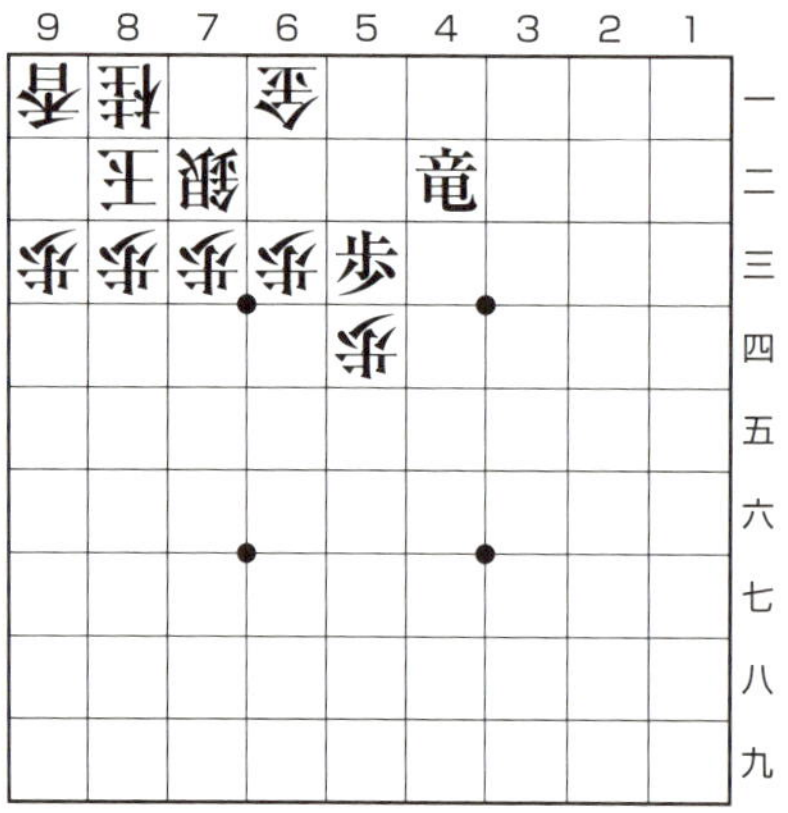

▲先手 なし

△後手 なし

図2は▲5三歩まで

と金攻《きんぜ》め

図《ず》1から▲6二と寄《よる》△同金寄《どうきんよる》▲同《どう》と△同金《どうきん》▲同竜《どうりゅう》で図《ず》2です。二枚《まい》の金《きん》をはがして、囲《かこ》いを崩《くず》すことができました。と金《きん》で攻《せ》めたので、後手《ごて》には歩《ふ》しか渡《わた》していません。

図《ず》2は次《つぎ》に▲7二金《きん》と詰《つ》めろをかける手《て》が厳《きび》しい狙《ねら》いです。しかし後手《ごて》は持《も》ち駒《ごま》に歩《ふ》しかないので、防《ふせ》ぐことができません。

図1

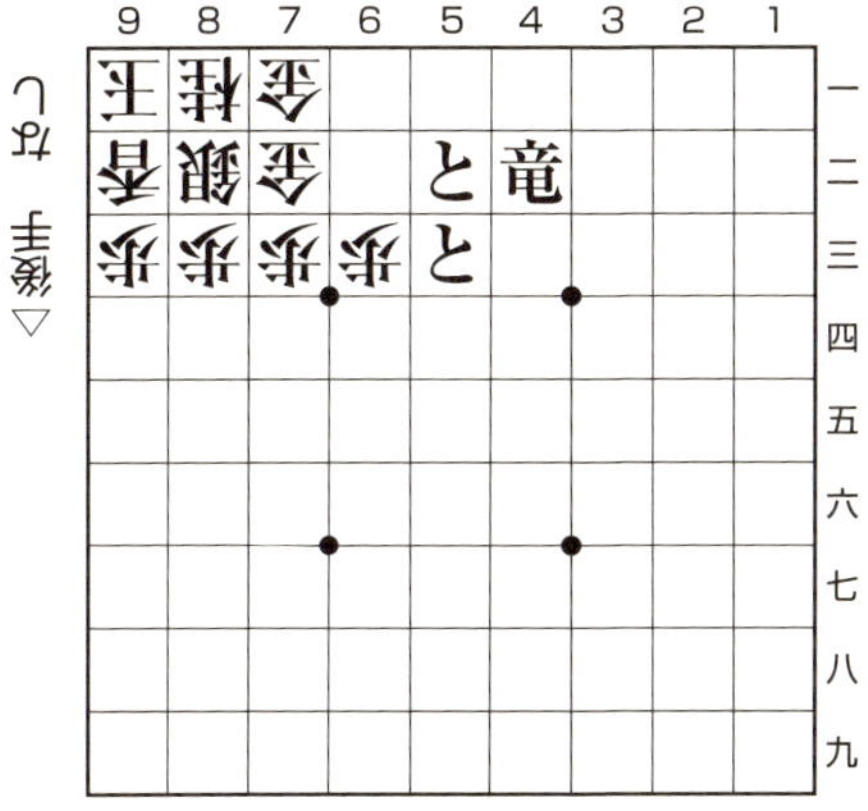

▲先手　なし

図2

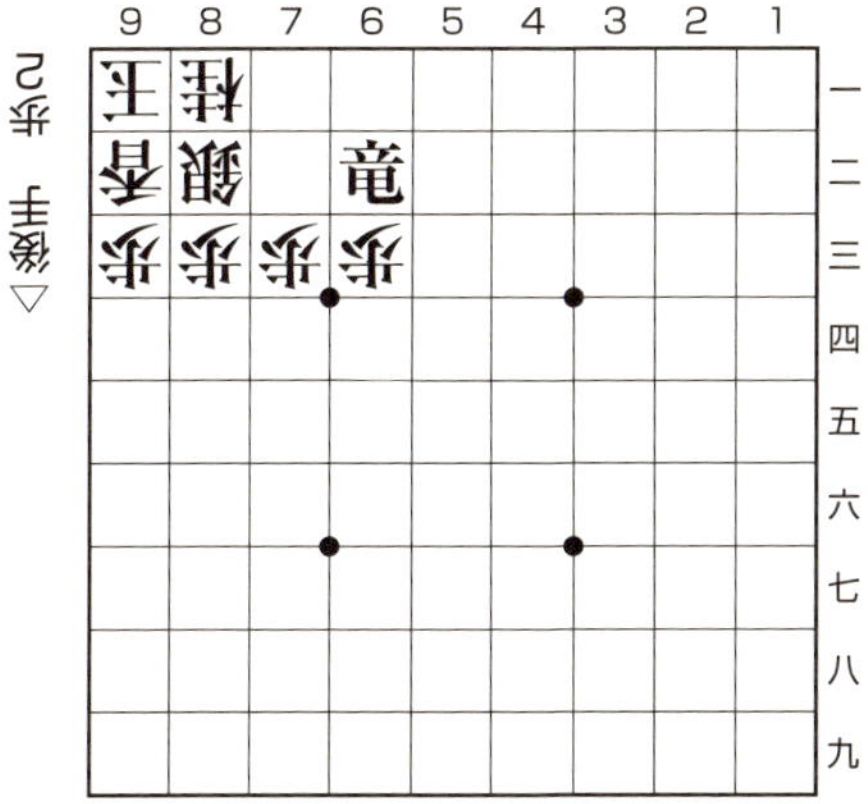

▲先手　金2

図2は▲6二同竜まで

金《きん》を攻《せ》める

囲《かこ》いを崩《くず》す場合《ばあい》、守《まも》りの要《かなめ》の金《きん》を攻《せ》めるのが急所《きゅうしょ》となります。図《ず》1では▲6三桂《けい》△7二金《きん》▲6一飛成《ひなり》(図《ず》2)が良《よ》い攻《せ》め方《かた》です。

図《ず》2で後手《ごて》は金《きん》を助《たす》けることができません。△6三金《きん》なら▲同竜《どうりゅう》です。金《きん》と桂《けい》の交換《こうかん》で駒得《こまどく》になりましたし、桂《けい》は守《まも》りには使《つか》いにくい駒《こま》です。

図1

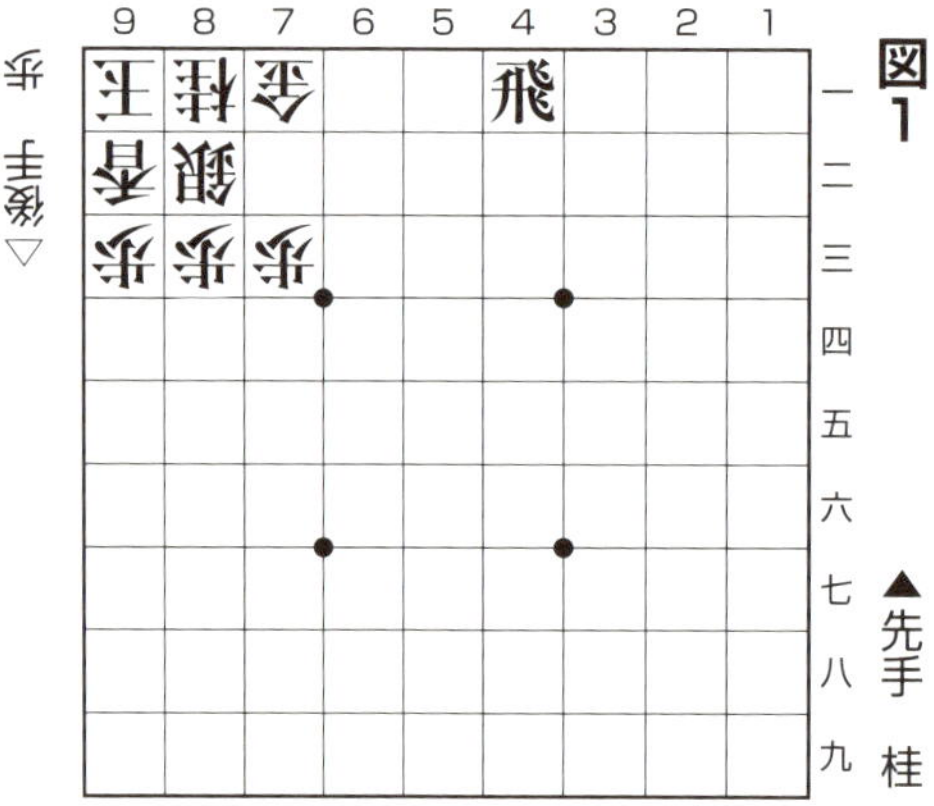

図2

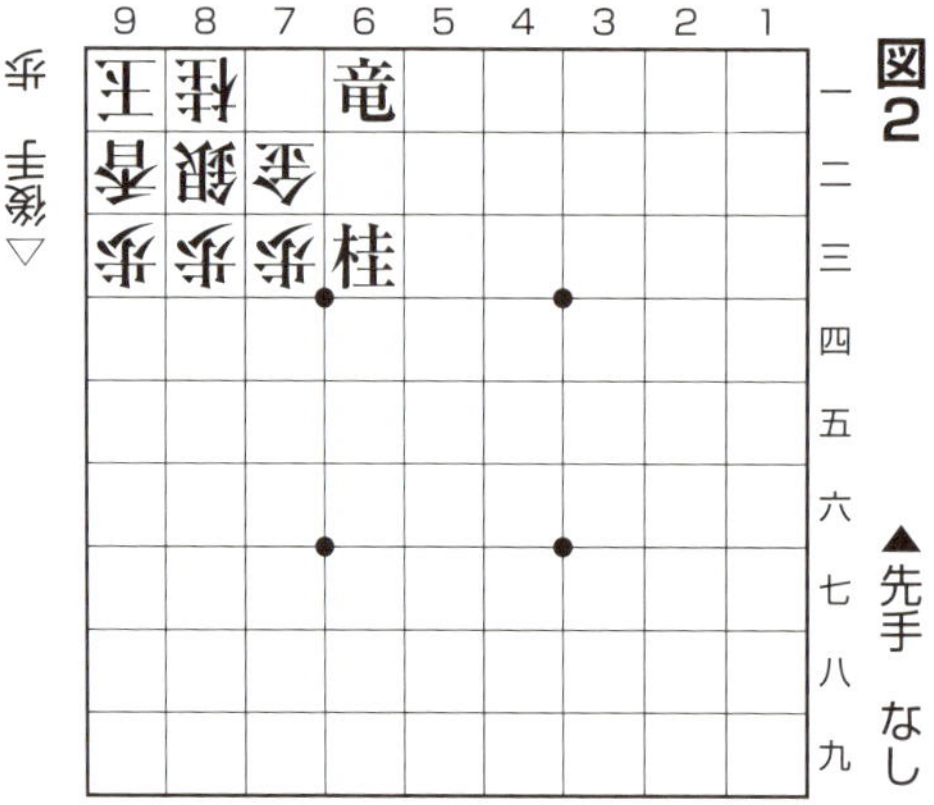

図2は▲6一飛成まで

大駒《おおごま》を切《き》る攻《せ》め

図《ず》1では▲7一飛成《ひなり》△同銀《どうぎん》▲6二角成《かくなり》△同銀《どうぎん》▲7二金《きん》(図《ず》2)と、守《まも》りの金《きん》をはがすのが良《よ》い攻《せ》めです。本来価値《ほんらいかち》の高《たか》い大駒《おおごま》(飛《ひ》・角《かく》)を、あえて他《た》の駒《こま》と交《こう》換《かん》することを「大駒《おおごま》を切《き》る」と言《い》います。

図《ず》2で△7一角《かく》なら▲6一金打《きんうち》、△8二飛《ひ》なら▲6一銀《ぎん》で攻《せ》めが続《つづ》きます。大駒《おおごま》は接近戦《せっきんせん》に弱《よわ》く、狭《せま》い場所《ばしょ》での受《う》けには向《む》いていないので、終盤《しゅうばん》ではしばしば大駒《おおごま》を切《き》る攻《せ》めが成立《せいこう》するのです。

図1

△後手　香

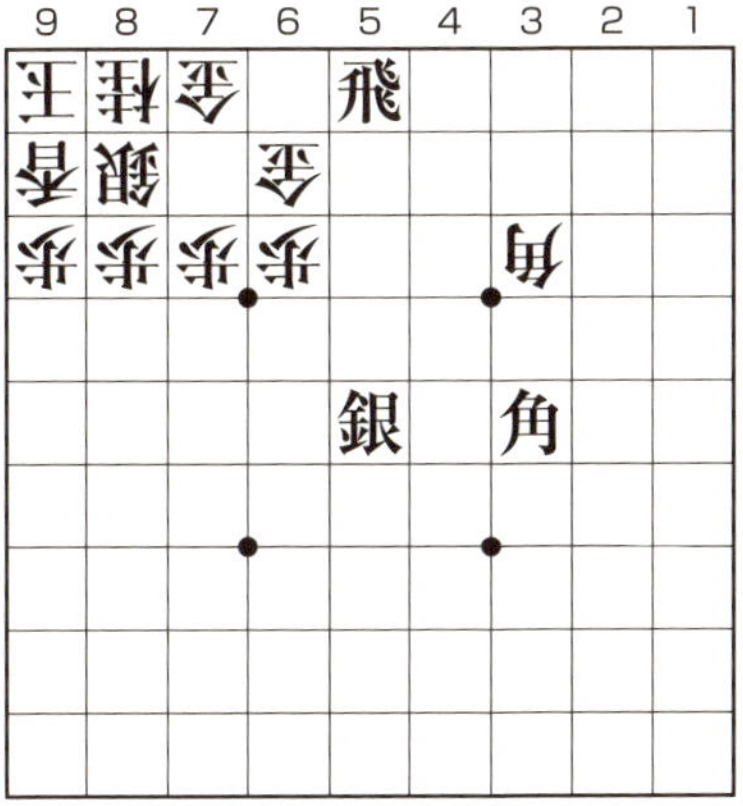

▲先手　銀

図2

△後手　飛角香

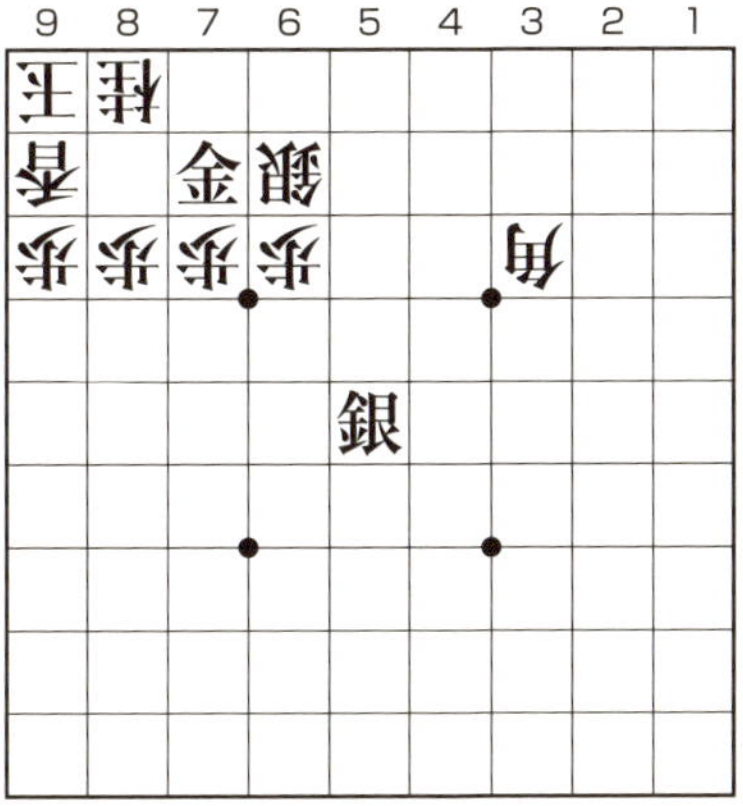

▲先手　金銀

図2は▲7二金まで

こらむ

「大学将棋部《だいがくしょうぎぶ》」

東大将棋部《とうだいしょうぎぶ》では、将棋《しょうぎ》の好《す》きな東大《とうだい》生が集《あつ》まって、毎日《まいにち》、対局《たいきょく》をしたり、将棋《しょうぎ》の研究《けんきゅう》をしたりして過《す》ごしています。活動《かつどう》の中心《ちゅうしん》は、毎年行《まいとしおこな》われている個人戦《こじんせん》、団体戦《だんたいせん》となります。個人戦《こじんせん》は春《はる》と秋《あき》に関東《かんとう》で予選《よせん》が行《おこな》われ、上位《じょうい》進出者《しんしゅつしゃ》はそれぞれ学生名人戦《がくせいめいじんせん》、学生《がくせい》王将戦《おうしょうせん》に進出《しんしゅつ》することができます。

大学将棋《だいがくしょうぎ》で全員《ぜんいん》が一番力《いちばんちから》を入《い》れるのが、団体戦《だんたいせん》の方《ほう》で、これも春《はる》と秋《あき》に関東《かんとう》で予選《よせん》が行《おこな》われ、上位進出校《じょういしんしゅつこう》は、春《はる》は富士通杯《ふじつうはい》、秋《あき》は学生王座戦《がくせいおうざせん》へと進《すす》むことができます。

特《とく》に学生王座戦《がくせいおうざせん》は、大学将棋《だいがくしょうぎ》の頂上《ちょうじょう》であり、これを目指《めざ》して一年間《いちねんかん》将棋《しょうぎ》を指《さ》しているとも言《い》えるほどです。

この本《ほん》を読《よ》んでいる皆《みな》さんも、将来《しょうらい》大学《だいがく》に入《はい》ったら、大学将棋部《だいがくしょうぎぶ》で団体戦《だんたいせん》に参加《さんか》してみることをおすすめします。

詰《つめ》将《しょう》棋《ぎ》

三《さん》手《て》詰《づめ》

三《さん》手《て》詰《づめ》

三《さん》手《て》詰《づめ》

五《ご》手《て》詰《づめ》

五《ご》手《て》詰《づめ》

五《ご》手《て》詰《づめ》

五《ご》手《て》詰《づめ》

五《ご》手《て》詰《づめ》

詰将棋《つめしょうぎ》のルール

詰将棋《つめしょうぎ》のルールは次《つぎ》の通《とお》りです。

①王手《おうて》の連続《れんぞく》で相手玉《あいてぎょく》を詰《つ》ます。
②相手《あいて》（玉方《ぎょくかた》）は問題《もんだい》に出《で》ている以外《いがい》の駒《こま》をすべて持《も》ち駒《ごま》として持《も》っている（玉《ぎょく》は除《のぞ》く）。
③攻《せ》める側《がわ》（攻方《せめかた》）は最短手順《さいたんてじゅん》で詰《つ》ます。
④相手《あいて》（玉方《ぎょくかた》）は最長手順《さいちょうてじゅん》で逃《に》げる。
⑤無駄《むだ》な合駒《あいごま》はしない。
⑥相手《あいて》（玉方《ぎょくかた》）は、攻方《せめかた》にできるだけ駒《こま》を使《つか》わせるように逃《に》げる。

④と⑥は、玉方《ぎょくかた》はできるだけ詰《つ》まされないように最善《さいぜん》をつくすということです。正《ただ》しく逃《に》げれば、攻方《せめかた》の持《も》ち駒《ごま》は余《あま》りません。

詰将棋《つめしょうぎ》に挑戦《ちょうせん》

三手詰《さんてづ》め　問題《もんだい》(1)(2)

三手詰《さんてづ》め　問題《もんだい》(1)

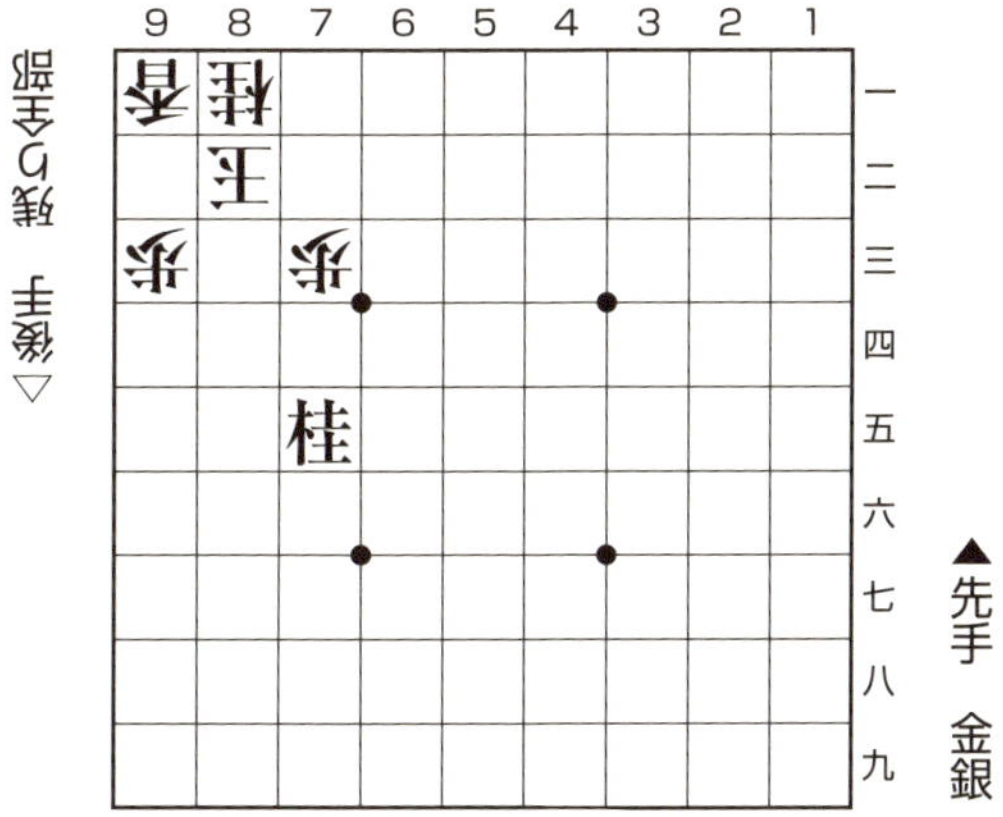

三手詰《さんてづ》め　問題《もんだい》(2)

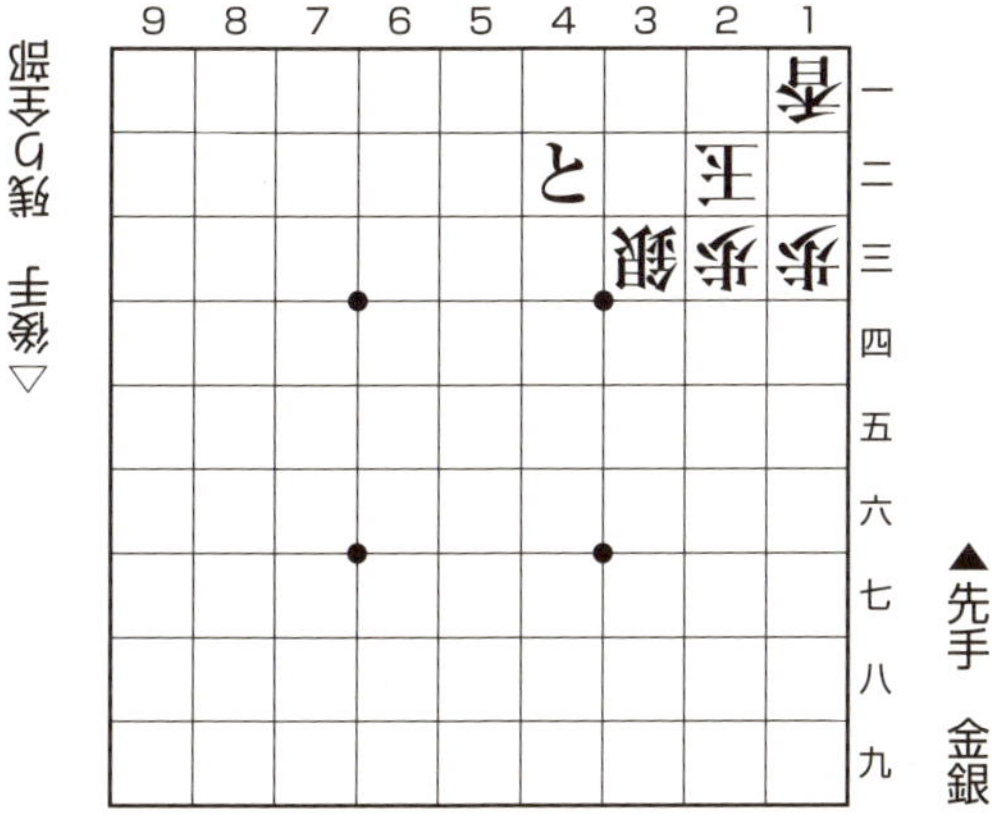

三手詰《さんてづ》め　問題《もんだい》(1)(2)　答《こた》え

三手詰《さんてづ》め　問題《もんだい》(1)　答《こた》え

▲8三銀《ぎん》　△7一玉《ぎょく》　▲7二金《きん》　まで

▲8三銀《ぎん》と銀《ぎん》から打《う》つ手《て》が正解《せいかい》です。△7一玉《ぎょく》に▲7二金《きん》の頭金《あたまきん》で詰《つ》みとなります。初手《しょて》に▲8三金《きん》と金《きん》を使《つか》うと、△7一玉《ぎょく》▲7二銀《ぎん》に△6二玉《ぎょく》と逃《に》げられて失敗《しっぱい》です。

三手詰《さんてづ》め　問題《もんだい》(2)　答《こた》え

▲3二金《きん》　△1二玉《ぎょく》　▲2一銀《ぎん》　まで

今度《こんど》は▲3二金《きん》と先《さき》に金《きん》を打《う》つ手《て》が正解《せいかい》です。△1二玉《ぎょく》に▲2一銀《ぎん》で詰《つ》みとなります。初手《しょて》▲3一銀《ぎん》は△1二玉《ぎょく》で失敗《しっぱい》です。失敗例《しっぱいれい》で▲2二金《きん》は△同銀《どうぎん》と取《と》られてしまいます。

●問題《もんだい》(1)正解《せいかい》　▲先手　なし

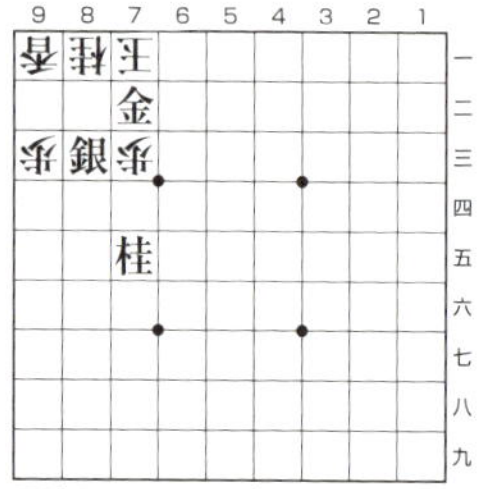

△後手　残り全部

正解は▲7二金まで

問題《もんだい》(1)失敗例《しっぱいれい》　▲先手　なし

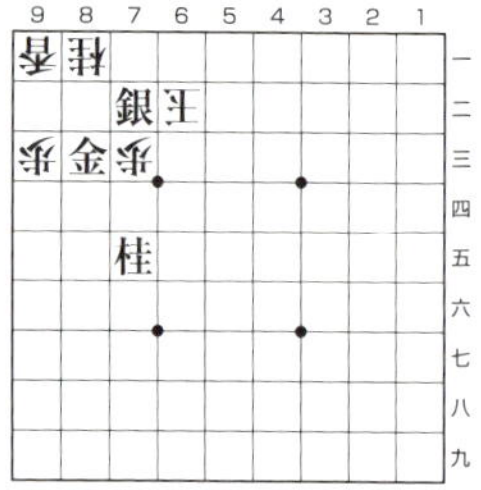

△後手　残り全部

失敗例は△6二玉まで

●問題《もんだい》(2)正解《せいかい》　▲先手　なし

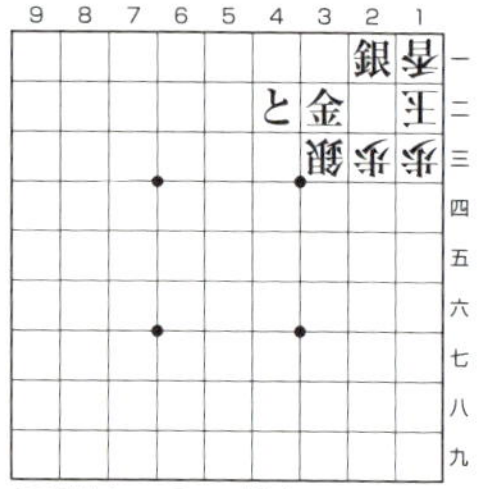

△後手　残り全部

正解は▲2一銀まで

問題《もんだい》(2)失敗例《しっぱいれい》　▲先手　金

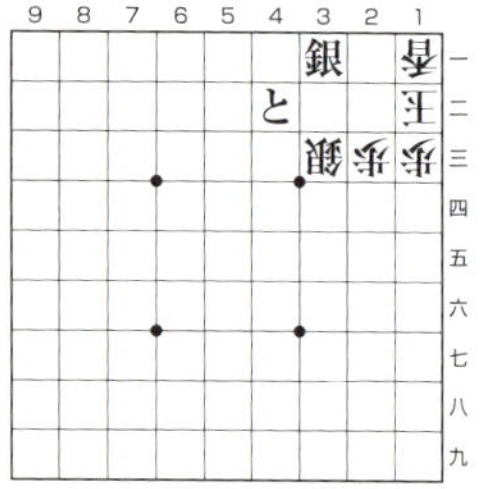

△後手　残り全部

失敗例は△1二玉まで

詰将棋《つめしょうぎ》に挑戦《ちょうせん》

三手詰《さんてづ》め　問題《もんだい》(3)(4)

三手詰《さんてづ》め　問題《もんだい》(3)

△後手　残り全部

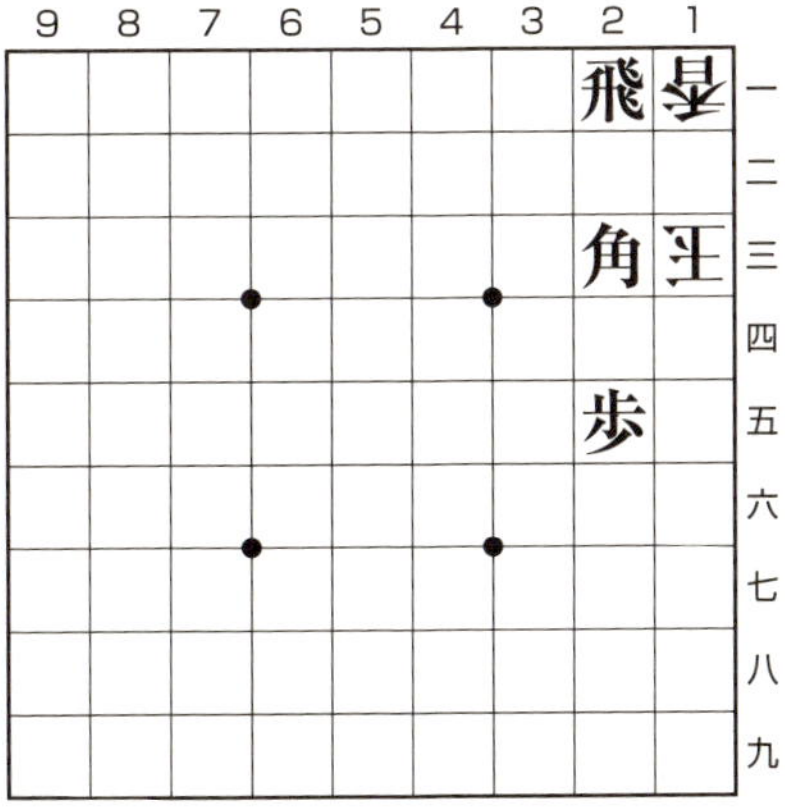

▲先手　なし

三手詰《さんてづ》め　問題《もんだい》(4)

△後手　残り全部

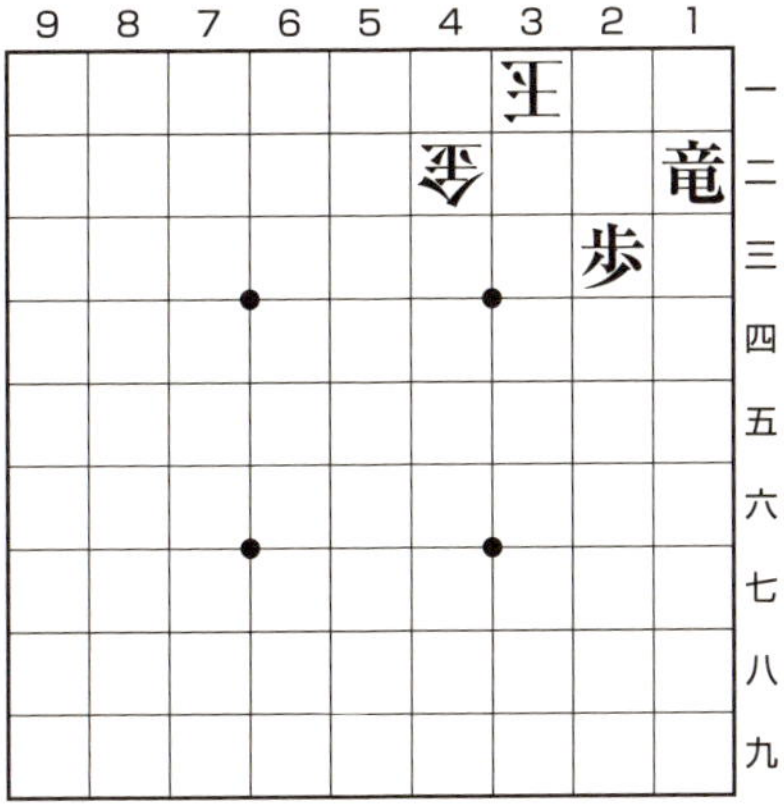

▲先手　金

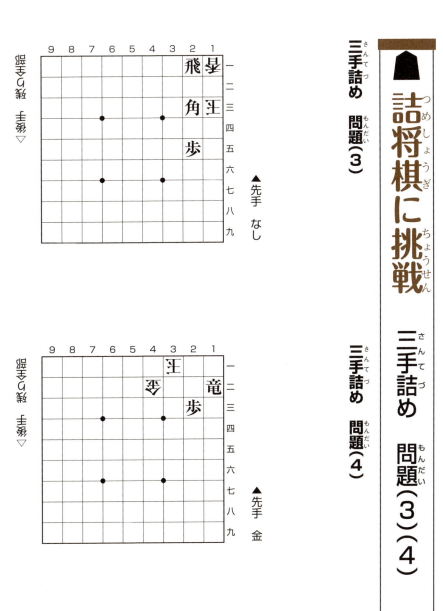

三手詰め《さんてづ》 問題《もんだい》(3)(4) 答《こた》え

三手詰め《さんてづ》 問題《もんだい》(3) 答《こた》え

▲1四角成《かくなり》 △同《どう》 玉《ぎょく》 ▲2四飛成《ひなり》 まで

▲1四角成《かくなり》と捨《す》てることで、玉《ぎょく》をおび寄《よ》せて、2五の歩《ふ》と連携《れんけい》して詰《つ》まします。初手《しょて》▲1二角成《かくなり》は△同玉《どうぎょく》と取《と》られて失敗《しっぱい》です。また初手《しょて》▲1一飛成《ひなり》も△2三玉《ぎょく》で詰《つ》みません。

三手詰め《さんてづ》 問題《もんだい》(4) 答《こた》え

▲2一竜《りゅう》 △同《どう》 玉《ぎょく》 ▲2二金《きん》 まで

最初《さいしょ》に▲2一竜《りゅう》と捨《す》てるのが好手《こうしゅ》です。△同玉《どうぎょく》と玉《ぎょく》を呼《よ》び寄《よ》せて、▲2二金《きん》の頭金《あたまきん》までの詰《つ》みとなります。初手《しょて》▲2二金《きん》や▲2二歩成《ふなり》は△4一玉《ぎょく》と逃《に》げられて詰《つ》みません。

●問題《もんだい》(3)正解《せいかい》 ▲先手 なし

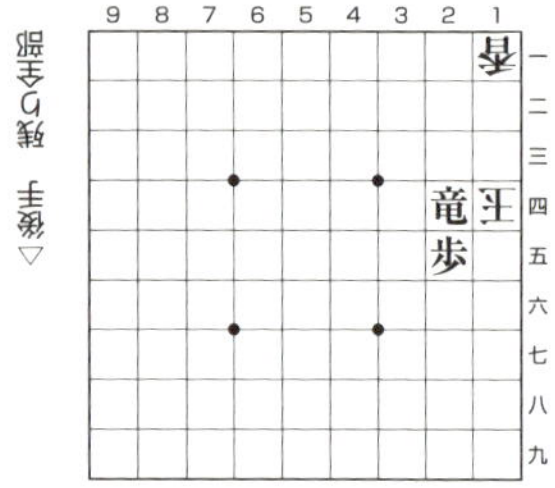

正解は▲2四飛成まで

問題《もんだい》(3)失敗例《しっぱいれい》 ▲先手 なし

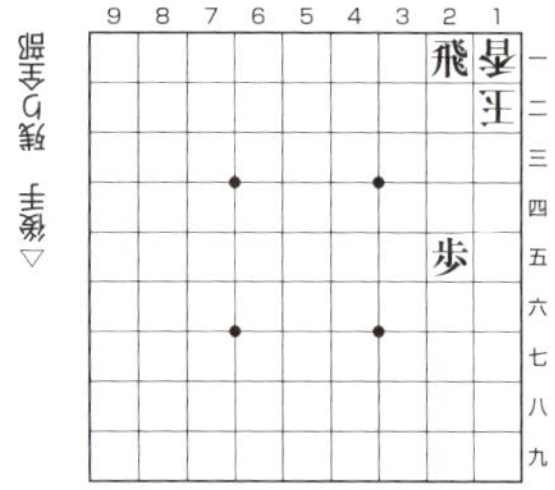

失敗例は△1二同玉まで

●問題《もんだい》(4)正解《せいかい》 ▲先手 なし

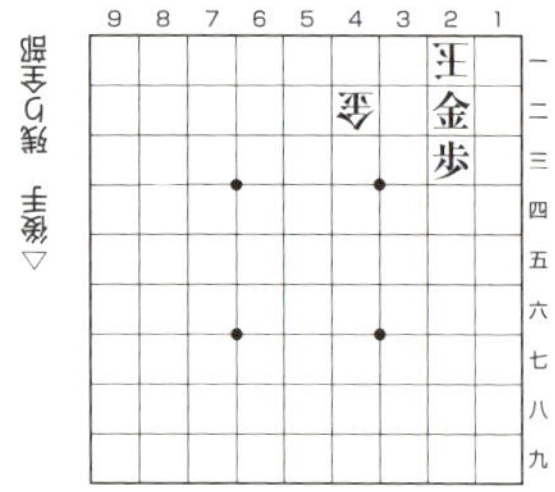

正解は▲2二金まで

問題《もんだい》(4)失敗例《しっぱいれい》 ▲先手 金

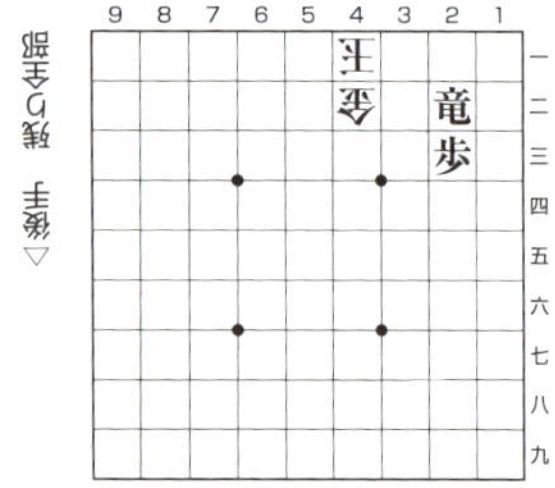

失敗例は△4一玉まで

詰将棋《つめしょうぎ》に挑戦《ちょうせん》 三手詰《さんてづ》め 問題《もんだい》(5)(6)

三手詰《さんてづ》め　問題《もんだい》(5)

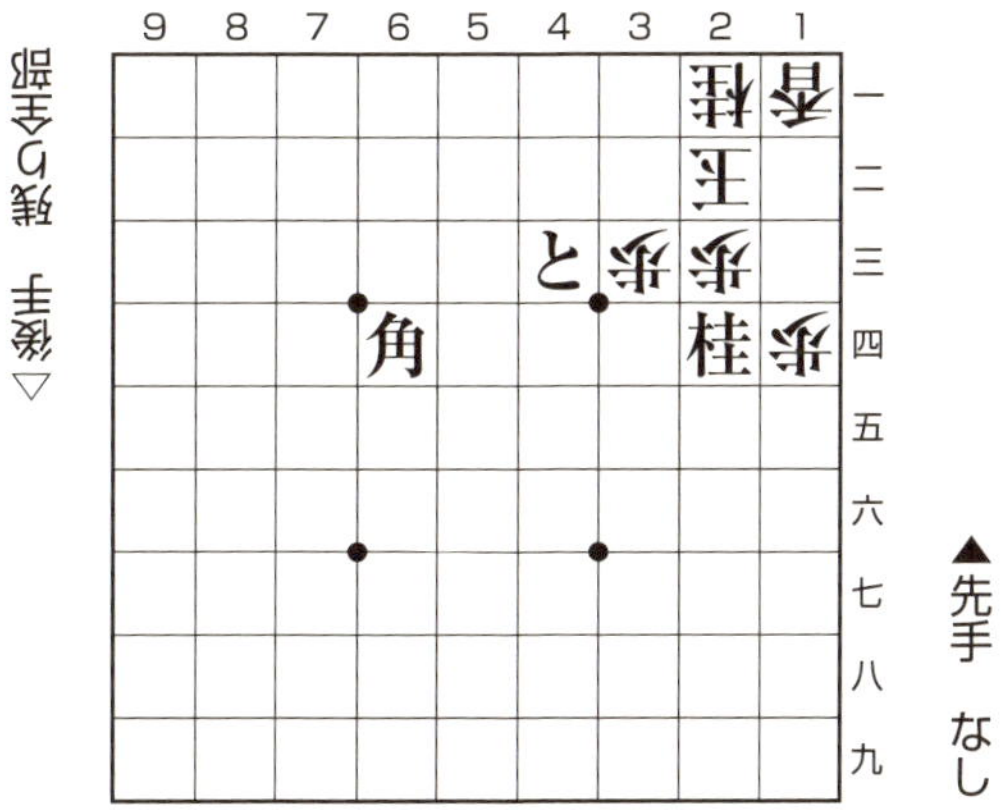

三手詰《さんてづ》め　問題《もんだい》(6)

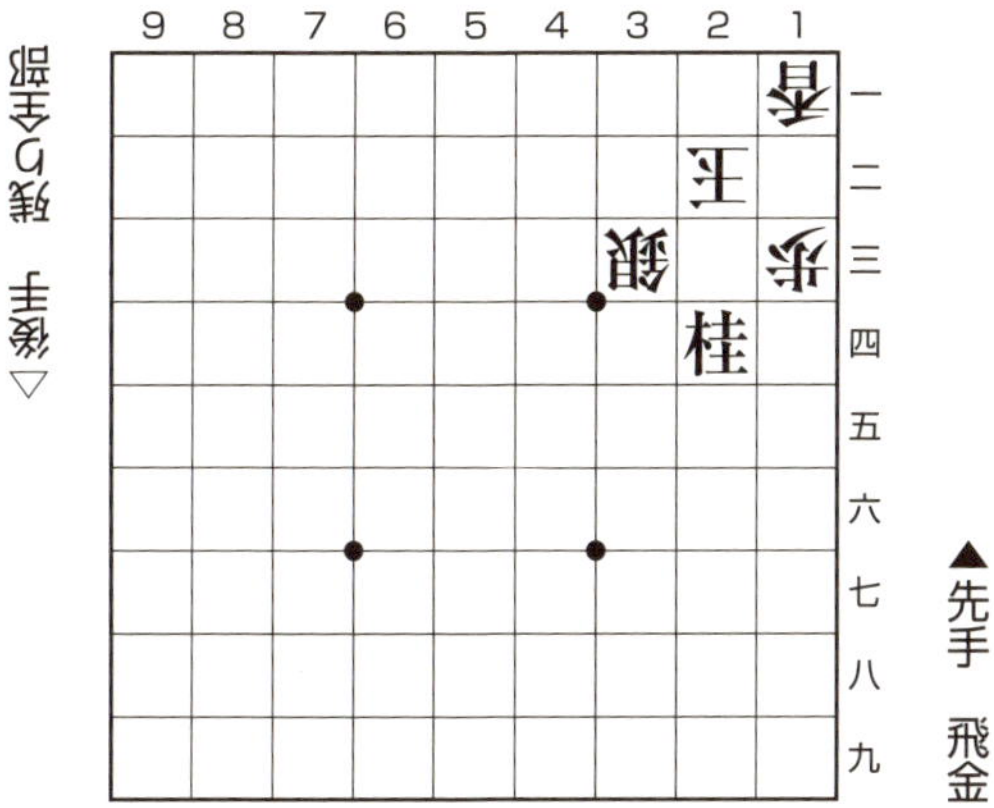

三手詰《さんてづ》め　問題《もんだい》(5)(6)　答《こた》え

三手詰《さんてづ》め　問題《もんだい》(5)　答《こた》え

▲3一角成《かくなり》　△同《どう》　玉《ぎょく》　▲3二と　まで

「玉《ぎょく》は下段《げだん》に落《お》とせ」の格言《かくげん》の通《とお》りに、まず▲3一角成《かくなり》と角《かく》を捨《す》てて玉《ぎょく》を下段《げだん》に落《お》とし、▲3二とまでの詰《つ》みとなります。初手《しょて》▲3二とは△1三玉《ぎょく》と上部《じょうぶ》に逃《に》げられて失敗《しっぱい》です。

三手詰《さんてづ》め　問題《もんだい》(6)　答《こた》え

▲2一飛《ひ》　△同《どう》　玉《ぎょく》　▲3二金《きん》　まで

▲2一飛《ひ》と捨《す》て、△同玉《どうぎょく》に▲3二金《きん》で詰《つ》みです。この問題《もんだい》も玉《ぎょく》を下段《げだん》に落《お》とすのが急所《きゅうしょ》です。初手《しょて》▲3二飛《ひ》と打《う》つと△2三玉《ぎょく》と上部《じょうぶ》に逃《に》げられて詰《つ》みません。

●問題《もんだい》(5)正解《せいかい》　▲先手　なし

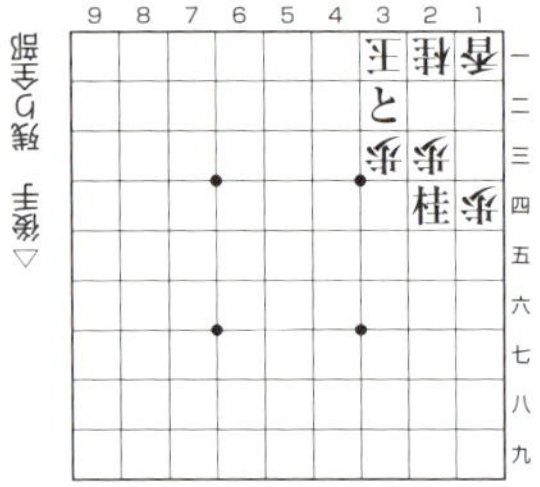

正解は▲3二とまで

問題《もんだい》(5)失敗例《しっぱいれい》　▲先手　なし

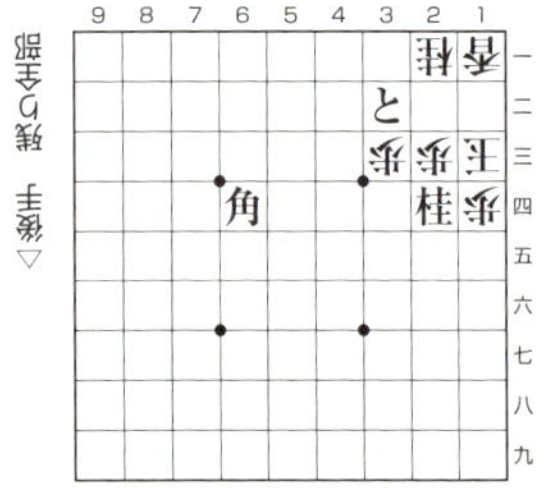

失敗例は△1三玉まで

●問題《もんだい》(6)正解《せいかい》　▲先手　なし

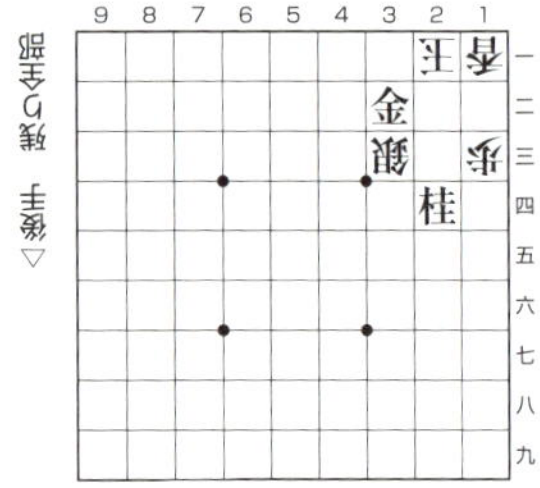

正解は▲3二金まで

問題《もんだい》(6)失敗例《しっぱいれい》　▲先手　金

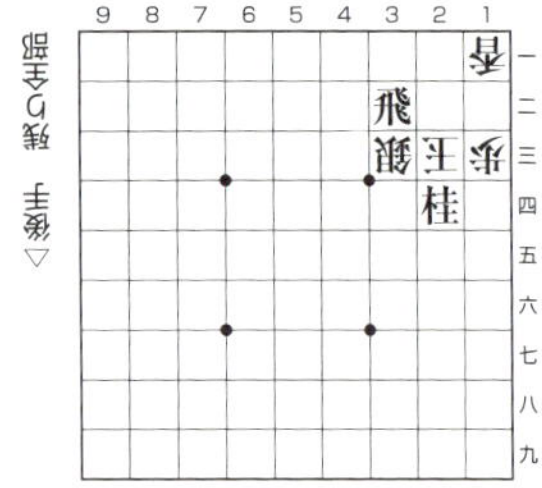

失敗例は△2三玉まで

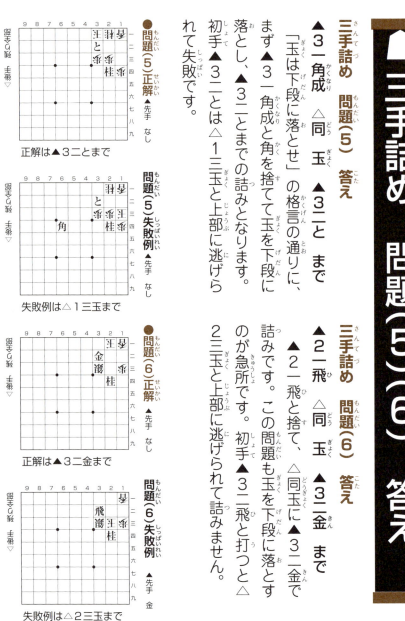

詰将棋《つめしょうぎ》に挑戦《ちょうせん》

三手詰《さんてづ》め　問題《もんだい》(7)(8)

三手詰《さんてづ》め　問題《もんだい》(7)

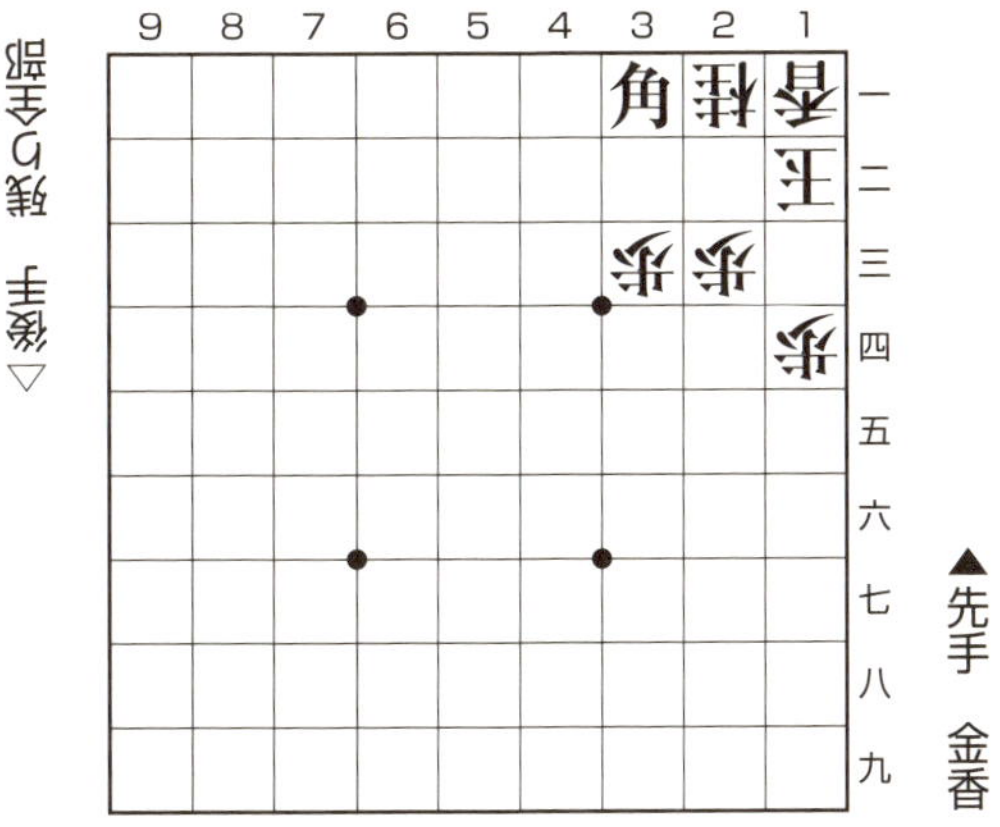

三手詰《さんてづ》め　問題《もんだい》(8)

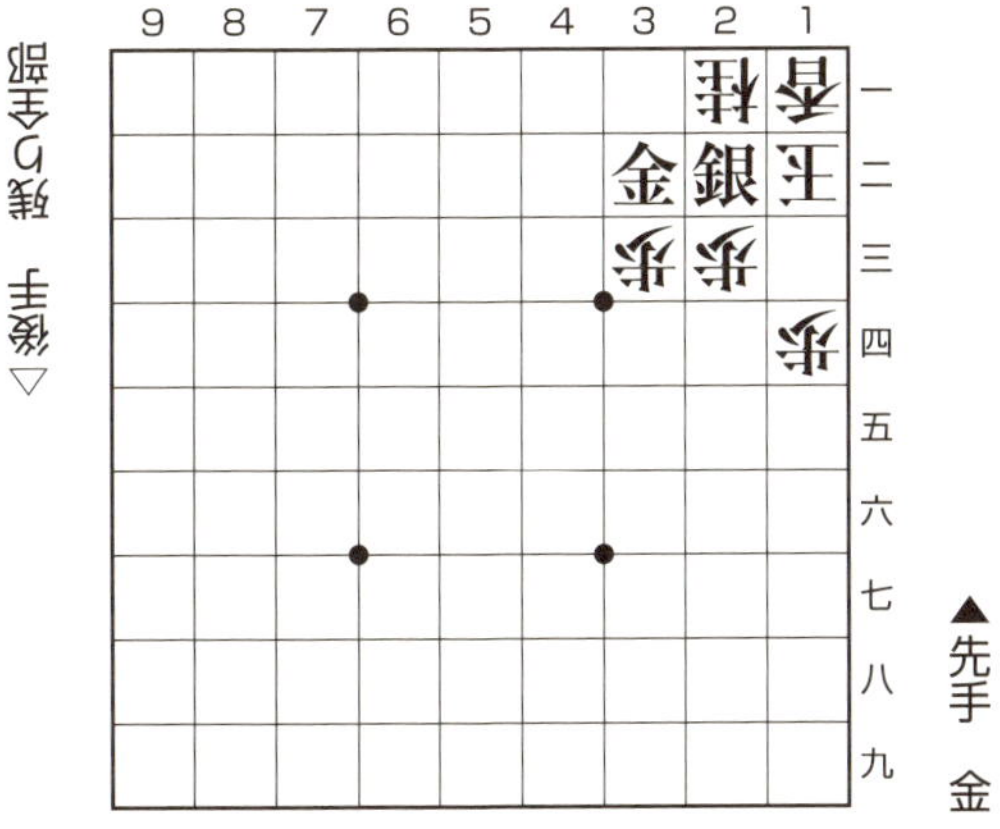

三手詰《さんてづ》め　問題《もんだい》(7)(8)　答《こた》え

三手詰《さんてづ》め　問題《もんだい》(7)　答《こた》え

▲1三香《きょう》　△同《どう》桂《けい》　▲2二金《きん》　まで

まず▲1三香《きょう》△同桂《どうけい》と玉《ぎょく》の逃《に》げ道《みち》をふさいでおくことで、▲2二金《きん》までの詰《つ》みとなります。▲1三香《きょう》と捨《す》てずに、初手《しょて》▲2二金《きん》は△1三玉《ぎょく》と逃《に》げられて失敗《しっぱい》です。

三手詰《さんてづ》め　問題《もんだい》(8)　答《こた》え

▲1三金《きん》　△同《どう》桂《けい》　▲2一銀不成《ぎんならず》まで

初手《しょて》▲2一銀不成《ぎんならず》は△1三玉《ぎょく》と逃《に》げられて失敗《しっぱい》です。そこで▲1三金《きん》△同桂《どうけい》と捨《す》てて、玉《ぎょく》の逃《に》げ道《みち》をふさいでから▲2一銀不成《ぎんならず》とすれば詰《つ》みとなります。

●問題《もんだい》(7)正解《せいかい》　▲先手　なし

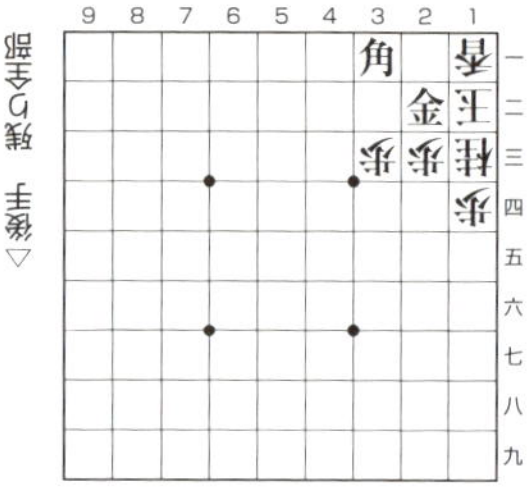

正解は▲2二金まで

問題《もんだい》(7)失敗例《しっぱいれい》　▲先手　香

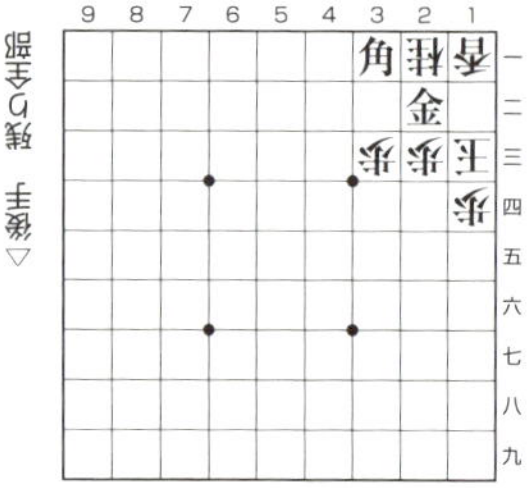

失敗例は△1三玉まで

●問題《もんだい》(8)正解《せいかい》　▲先手　なし

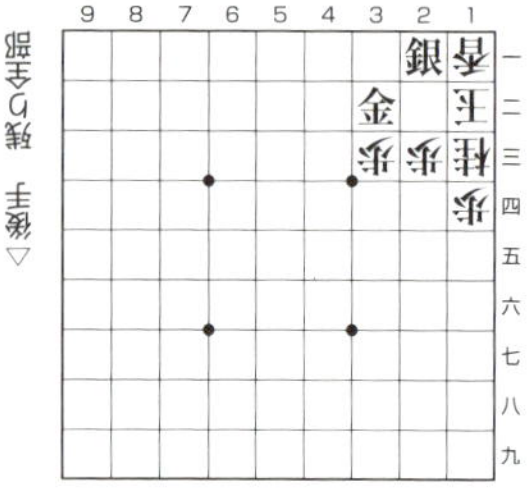

正解は▲2一銀不成まで

問題《もんだい》(8)失敗例《しっぱいれい》　▲先手　金桂

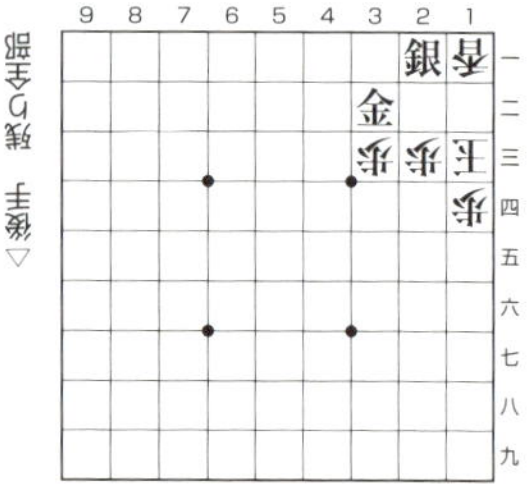

失敗例は△1三玉まで

詰将棋《つめしょうぎ》に挑戦《ちょうせん》

三手詰《さんてづ》め　問題《もんだい》(9)(10)

三手詰《さんてづ》め　問題《もんだい》(9)

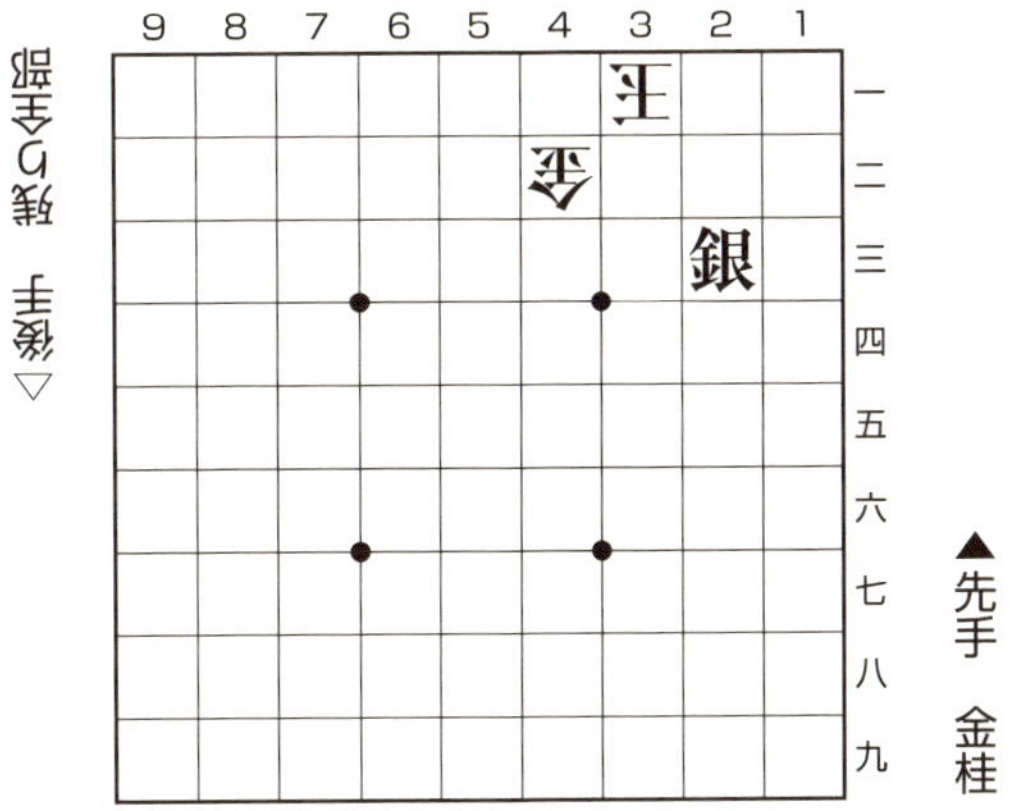

三手詰《さんてづ》め　問題《もんだい》(10)

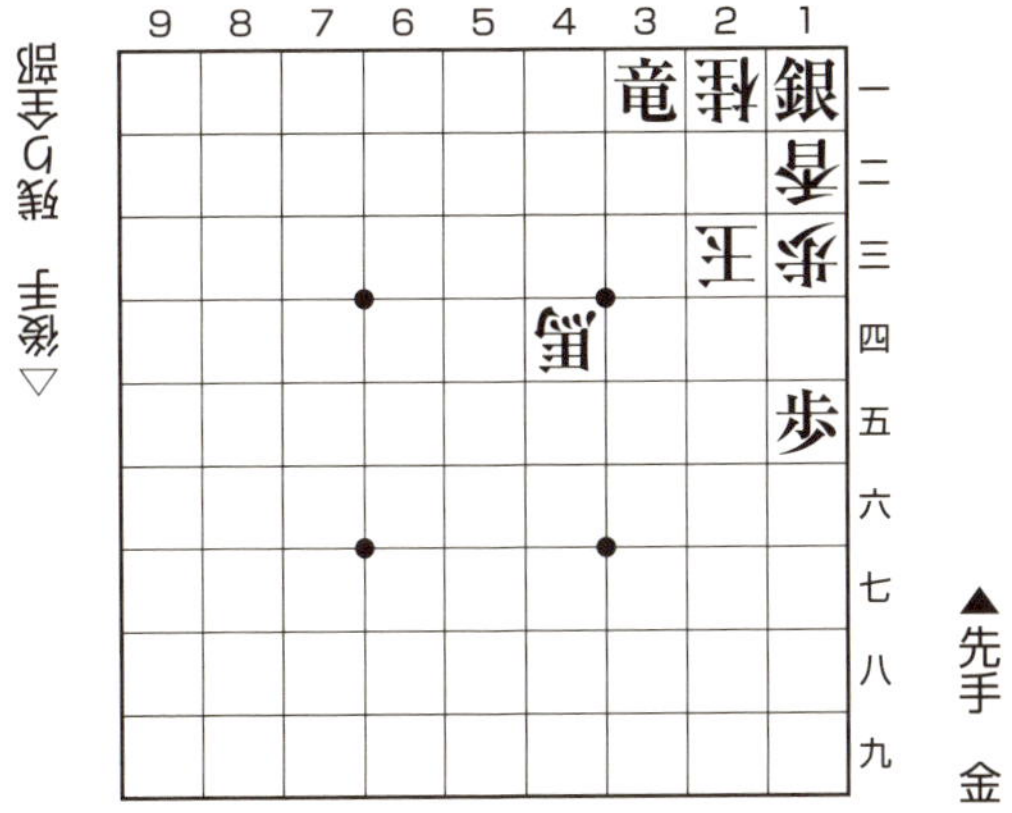

三手詰《さんてづ》め　問題《もんだい》(9)(10)　答《こた》え

三手詰《さんてづ》め　問題《もんだい》(9)　答《こた》え

▲4三桂《けい》　△同《どう》　金《きん》　▲3二金《きん》　まで

▲4三桂《けい》が金頭桂《きんとうけい》と呼《よ》ばれる手筋《てすじ》です。△同金《どうきん》と取《と》れば、金《きん》が守《まも》りから外《はず》れるので▲3二金《きん》の頭金《あたまきん》で詰《つ》みます。

▲4三桂《けい》に△4一玉《ぎょく》なら▲5一金《きん》で詰《つ》みです。

三手詰《さんてづ》め　問題《もんだい》(10)　答《こた》え

▲3四金《きん》　△同　馬《うま》　▲2二竜《りゅう》　まで

▲3四金《きん》△同馬《どううま》と捨《す》てることで、玉《ぎょく》の逃《に》げ道《みち》をふさぐと同時《どうじ》に、守《まも》りの馬《うま》の利《き》きをずらします。こうしてから▲2二竜《りゅう》で詰《つ》みです。初手《しょて》▲2二銀成《ぎんなり》は△2四玉《ぎょく》で詰《つ》みません。

●問題《もんだい》(9)正解《せいかい》　▲先手　なし

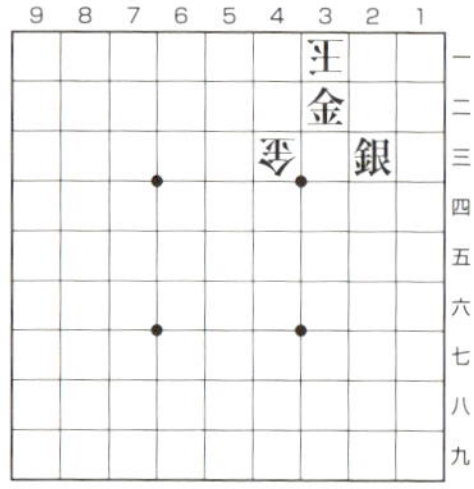

△後手　残り全部

正解は▲3二金まで

問題《もんだい》(9)変化例《へんかれい》　▲先手　なし

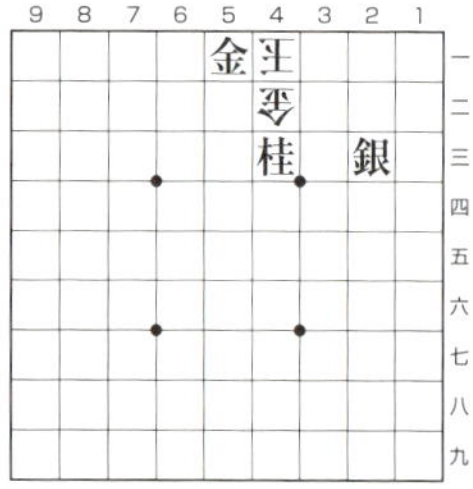

△後手　残り全部

変化例は▲5一金まで

●問題《もんだい》(10)正解《せいかい》　▲先手　なし

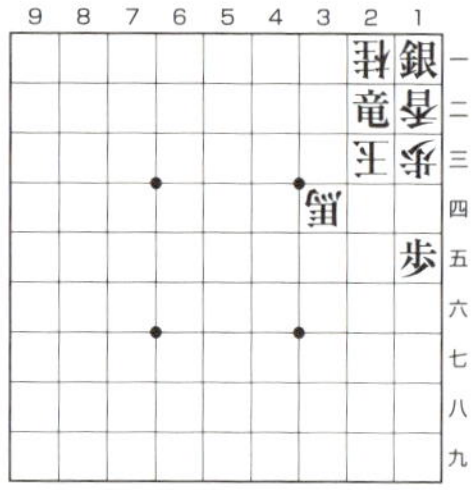

△後手　残り全部

正解は▲2二竜まで

問題《もんだい》(10)失敗例《しっぱいれい》　▲先手　金

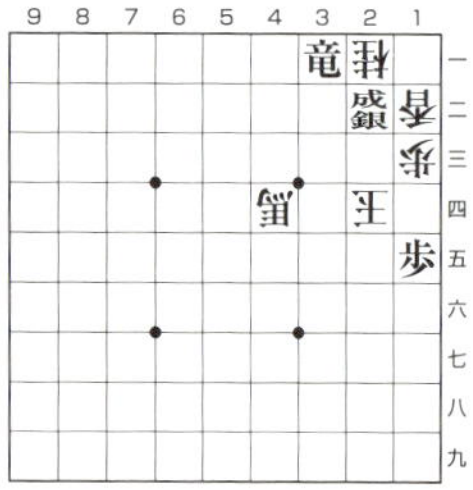

△後手　残り全部

失敗例は△2四玉まで

詰将棋《つめしょうぎ》に挑戦《ちょうせん》

五手詰《ごてづ》め　問題《もんだい》(1)(2)

五手詰《ごてづ》め　問題《もんだい》(1)

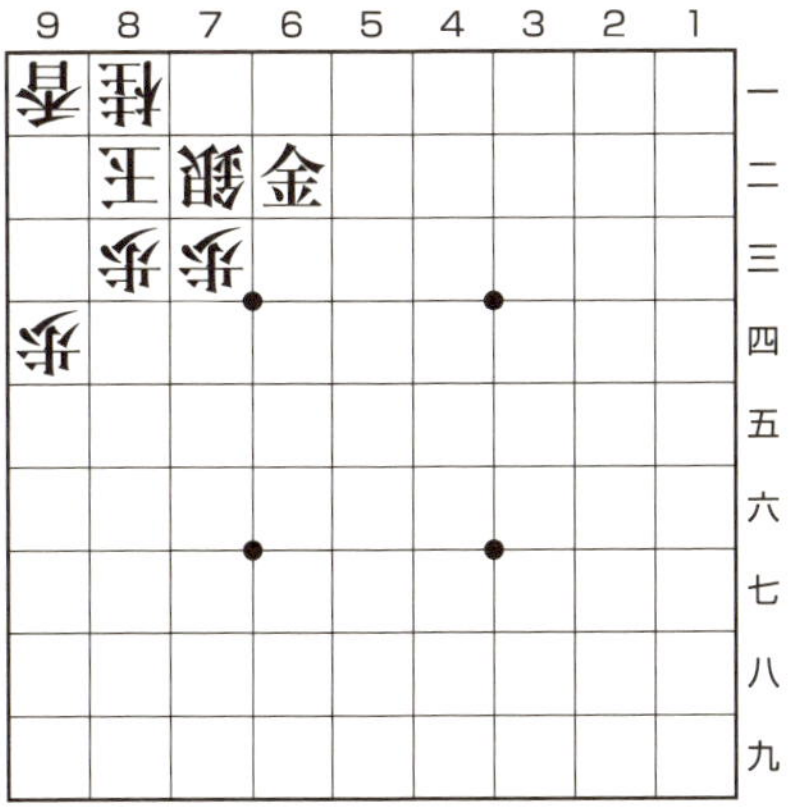

▲先手　飛角香

△後手　残り全部

五手詰《ごてづ》め　問題《もんだい》(2)

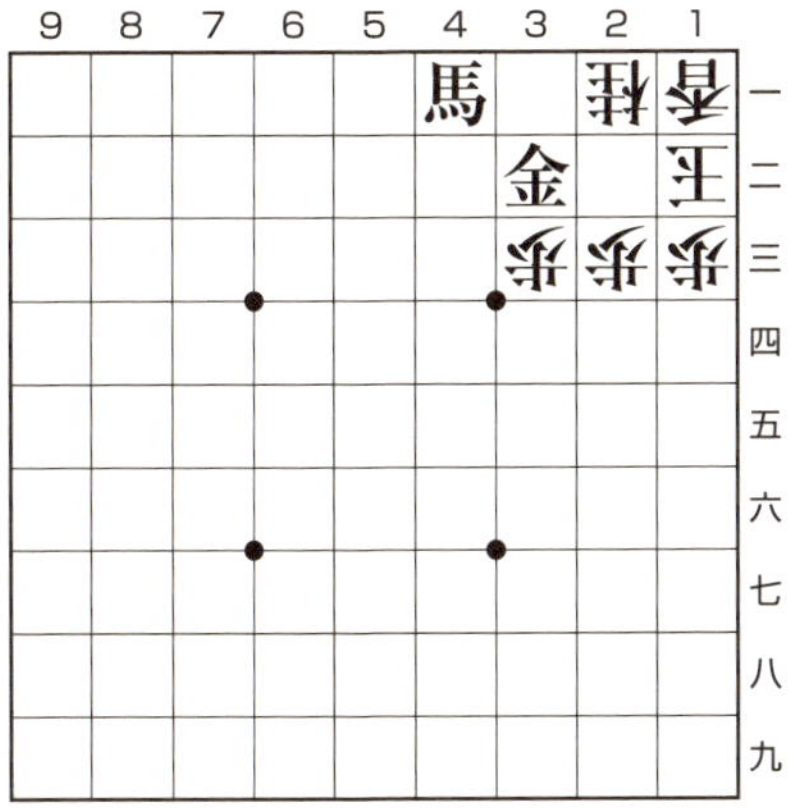

▲先手　銀桂

△後手　残り全部

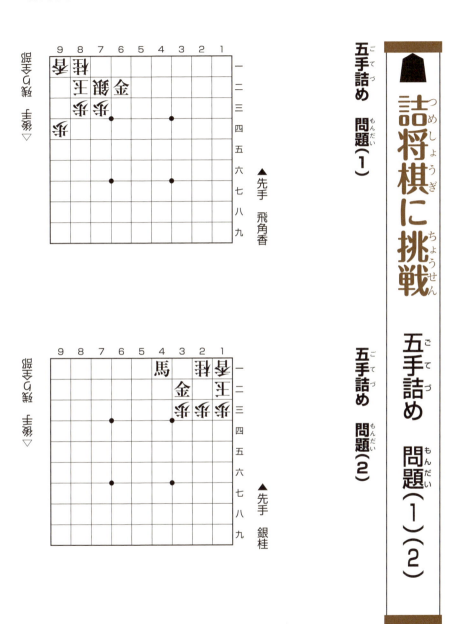

五手詰《ごてづ》め　問題《もんだい》(1)(2)　答《こた》え

五手詰《ごてづ》め　問題《もんだい》(1)　答《こた》え

▲7一角《かく》　△9二玉《ぎょく》　▲9三香《きょう》
△同《どう》　桂《けい》　▲8二飛《ひ》　まで

三手詰《さんてづ》めの問題《もんだい》(7)と同《おな》じ詰《つ》み筋《すじ》です。▲9三香《きょう》が逃《に》げ道《みち》をなくす手筋《てすじ》で、この香《きょう》を打《う》たないと、玉《ぎょく》に逃《に》げられてしまいます。

五手詰《ごてづ》め　問題《もんだい》(2)　答《こた》え

▲2四桂《けい》　△同《どう》　歩《ふ》　▲2二金《きん》
△同《どう》　玉《ぎょく》　▲2三銀《ぎん》　まで

▲2四桂《けい》が後《あと》で駒《こま》を打《う》つ空間《くうかん》を作《つく》る準備《じゅんび》で、続《つづ》いて▲2二金《きん》で馬筋《うますじ》を通《とお》して詰《つ》まします。桂《けい》を捨《す》てずに▲2二金《きん》は△同玉《どうぎょく》で失敗《しっぱい》です。

●問題《もんだい》(1)正解《せいかい》　▲先手　なし

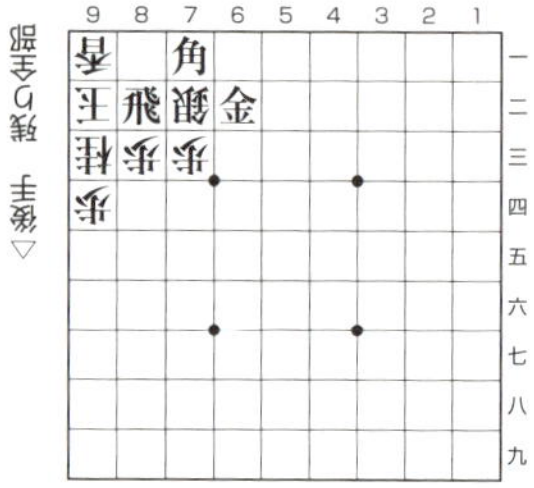

正解は▲8二飛まで

問題《もんだい》(1)失敗例《しっぱいれい》　▲先手　香

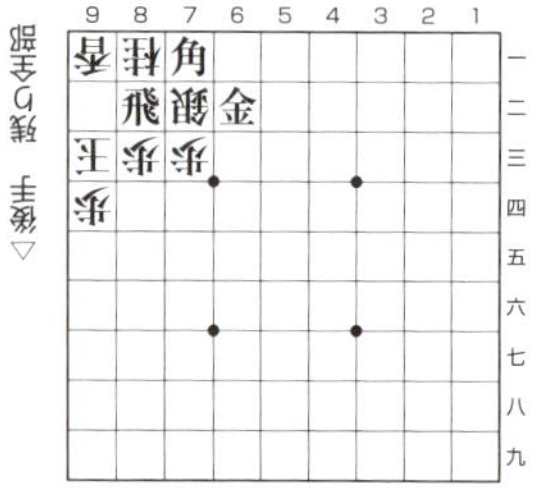

失敗例は△9三玉まで

●問題《もんだい》(2)正解《せいかい》　▲先手　なし

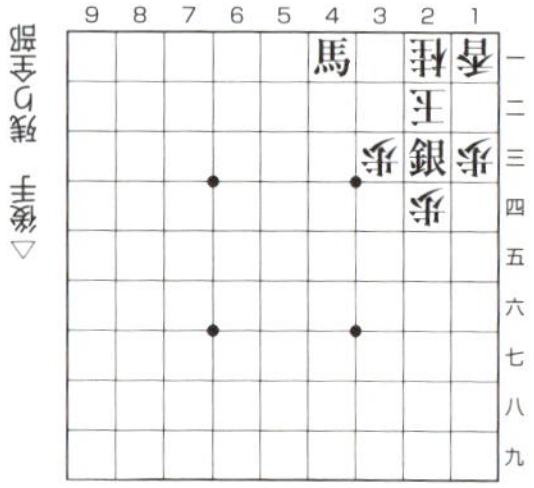

正解は▲2三銀まで

問題《もんだい》(2)失敗例《しっぱいれい》　▲先手　銀桂

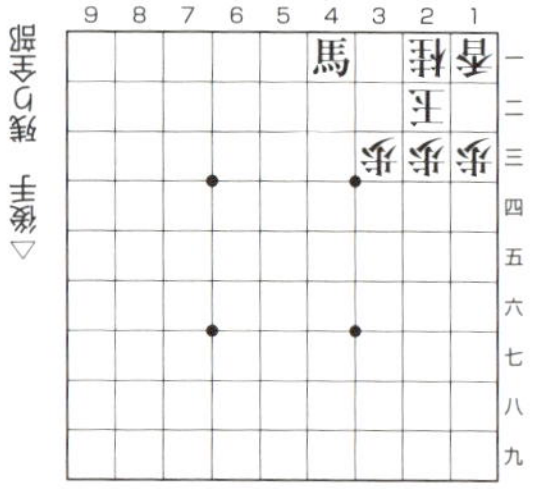

失敗例は△2二同玉まで

●参考資料

『将棋入門ドリル ステップ 1 ～ 3』（日本将棋連盟公式ドリル、くもん出版）
『ラクラク次の一手―基本手筋集』（日本将棋連盟編）
『将棋のルール 完全マスター―楽しくおぼえる入門編（強くなる！ 超カンタン将棋入門）』（川北 亮司・著、日本将棋連盟・監修、金の星社）
『「次の一手」で覚える将棋基本手筋コレクション 432』（将棋世界編、マイナビ出版）
『ラクラク詰将棋―基本手筋集』（日本将棋連盟）
『将棋の基本 完全マスター―勝つためのテクニック（強くなる！ 超カンタン将棋入門）』（川北 亮司・著、日本将棋連盟・監修、金の星社）
『3 手 1 組プロの技』（片上 大輔・著、毎日コミュニケーションズ）
日本将棋連盟ホームページ https://www.shogi.or.jp

●写真

ocsa・遊歩楽心・ハグム・muku・しげぱぱ・Fast&Slow：PIXTA

勝つための将棋　作戦編

構成・原稿執筆　東京大学将棋部

2018年9月初版
2018年9月第１刷発行

監　　修　片上　大輔

監修補佐　十時　博信（東京大学将棋部OB）
金子　タカシ（東京大学将棋部OB会会長）
構成・原稿執筆　東京大学将棋部
一柳里樹、神戸健太郎、佐々木昴、舘野龍平
藤岡隼太、中山脩彬、前田康熙

図版協力　尾関　晴彦（エイブル）
図版制作　上海PG
イラスト　織田　明
編集進行　西川　恵美子（企画家力丸堂）
表紙デザイン　星野　智美（HOKU'S）
編集協力　EDIX

発行者　内田　克幸
編　集　吉田　明彦
発行所　株式会社 理論社
〒101-0062　東京都千代田区神田駿河台2-5
電話　営業03(6264)8890　編集03(6264)8891
URL https://www.rironsha.com

印刷・製本　中央精版印刷株式会社

ISBN978-4-652-20264-7 NDC796 A5判　22cm 95p